Monsieur,

Pardonnez-moi de n'avoir pas
répondu plus tôt à la lettre que
Vous m'avez fait l'honneur de
m'adresser. La grippe m'a tenu
pendant près de trois semaines à la
Chambre et j'ai dû laisser bien
des choses en Souffrance.

Je vais faire expédier à Votre
adresse les trois premières années
de la Revue ; le prix de chaque
année est de 10 ᶠ pour les membres

nouveaux qui désirent compléter
leur collection. C'est à M. Alla
agent de change honoraire, trésorier
de la Société, que vous pourrez rem
cette somme avec le montant de
votre cotisation. Mais rien ne
presse. M. Allaise va quelque
à Paris et pourra passer chez vous.
Son adresse est : **16**, rue des Réservoir
à Versailles.

Nous avons été très heureux,
Monsieur, que vous nous ayez
permis d'inscrire votre nom sur
nos contrôles de notre Société, et
très touchés de l'intérêt que vous

avez bien voulu accorder à
nos travaux.

Veuillez agréer, Monsieur et
très honoré Confrère, l'expression,
de mes sentiments les plus distingués
et les plus dévoués.

A. Caphanel

THÉÂTRE

DE

SAINT-CYR

(1689-1792)

D'APRÈS DES DOCUMENTS INÉDITS

PAR

ACHILLE TAPHANEL

AVEC UNE EAU-FORTE DE CH. WALTNER

VERSAILLES	PARIS
CERF ET FILS, ÉDITEURS	LIBRAIRIE DE J. BAUDRY
RUE DU PLESSIS, 59	RUE DES SAINTS-PÈRES, 15

MDCCCLXXVI

MADAME DE MAINTENON

LE THÉÂTRE

DE

SAINT-CYR

AVEC UNE EAU-FORTE DE

LE THÉATRE

DE

SAINT-CYR

(1689-1792)

D'APRÈS DES DOCUMENTS INÉDITS

PAR

ACHILLE TAPHANEL

AVEC UNE EAU-FORTE DE CH. WALTNER

VERSAILLES

CERF ET FILS, ÉDITEURS

RUE DU PLESSIS, 59

PARIS

LIBRAIRIE DE J. BAUDRY

RUE DES SAINTS-PÈRES, 15

MDCCCLXXXVI

PRÉFACE.

On a beaucoup parlé du Théâtre de Saint-Cyr : personne n'en a écrit l'histoire.

M. le duc de Noailles, dans son magnifique ouvrage sur Madame de Maintenon, M. Lavallée, dans son livre sur la maison de Saint-Louis n'ont eu garde d'oublier les grandes représentations d'*Esther* et d'*Athalie*; mais ils n'ont pu leur accorder que fort peu de place, la vie et l'œuvre de la fondatrice de Saint-Cyr ayant été l'objet principal de leurs travaux. Ainsi, même après eux, l'étude que nous entreprenons restait à faire, et nous avons cru pouvoir, sans trop d'audace, aborder un sujet qu'ils n'ont point traité.

Le théâtre de Saint-Cyr est une des curiosités du

règne de Louis XIV ; il a fait parler de lui dans
l'Europe entière ; il a eu pour auditoire l'élite de
la cour de France, c'est-à-dire la société la plus
délicate, la plus lettrée et la plus polie qu'il y ait
eu en aucun temps ; Racine a écrit à son intention deux chefs-d'œuvre, les plus parfaits peut-
être de la langue française ; le grand poète s'est
fait le régisseur de ce théâtre en miniature, dis-
tribuant les rôles, réglant la mise en scène,
dirigeant et surveillant les répétitions. Les actrices instruites par lui dans l'art de la Champmeslé qu'il connaissait si bien, surpassèrent,
dit-on, en grâces et en talent la Champmeslé
elle-même. Jamais l'hôtel de Bourgogne, jamais
le Théâtre-Français dans toute sa gloire n'a-
vaient réuni un personnel plus choisi, plus disci-
pliné, plus séduisant. Louis XIV, bien que les
années l'eussent rendu sage, n'était certes pas
insensible à l'attrait de ces beautés naissantes,
de ces « jeunes et tendres fleurs », comme dit
Esther, merveilleux produits d'une culture raffinée et savante, en qui se remarquait un piquant
mélange de distinction et d'innocence, de coquetterie et de candeur. Il écoutait avec ravis-
sement ces belles jeunes filles chantant et déclamant des vers remplis de ses louanges, et son

orgueil blasé trouvait une jouissance nouvelle
dans ces caresses d'une poésie ingénieuse dédiée
et consacrée à lui seul.

Voilà pourquoi Saint-Cyr obtint tant de faveur et tant de vogue, pourquoi il devint en
quelque sorte une annexe de Versailles, une
succursale de Marly et de Fontainebleau. Il
ne conserva pas, il est vrai, ce caractère pendant la période exclusivement dévote qui marque
la fin du grand règne ; mais il le retrouva plus
tard en partie.

Nous raconterons dans ce livre, l'origine, la
fortune et la passagère disgrâce du théâtre de
Saint-Cyr ; nous le montrerons de nouveau flo-
rissant au xviiie siècle, célébré dans les salons
et dans les journaux, fréquenté par la Cour, et
ne disparaissant qu'avec Saint-Cyr même dans
la tourmente révolutionnaire.

Les archives de la préfecture de Versailles où
se trouve la plus grande partie des papiers et
des registres de la maison royale de Saint-Louis
nous ont fourni les principales sources de ce
travail. Nous y avons découvert, ou, pour mieux
dire, le savant archiviste M. Gustave Desjardins
qui nous guidait dans nos recherches avec la

plus obligeante bonté, a découvert pour nous un
certain nombre de documents très-curieux et
pour la plupart inédits, tels que l'inventaire général du mobilier à l'aide duquel nous avons pu
donner une exacte description des classes et du
théâtre, les dossiers des Demoiselles, les lettres
patentes de Louis XIV, et surtout les livres de
dépenses des dames de Saint-Louis, vingt-et-un
volumes in-folio, que nous avons dépouillés en
entier, et où nous avons trouvé les plus précieuses indications pour l'histoire du théâtre de
Saint-Cyr au xviiie siècle. Ces documents ont fait
revivre à nos yeux dans ses moindres détails
l'Institut de Saint-Louis: tout, matériel et personnel, nous y est devenu familier; nous avons
parcouru les jardins, les quinconces, l'orange-
rie, les cloîtres, la chapelle, la bibliothèque et les
parloirs; nous connaissons par leurs noms, à
toutes les époques, non seulement les dames en
charge, mais encore toutes les personnes attachées à l'administration ou même à la domesti-
cité de la maison : M. Astruc, l'intendant, M. Coqueret, le maître de danse, le cuisinier Laïssus,
le jardinier Deschamps, Saint-Louis le cocher,
et Pidoux le suisse.

Nous n'avons utilisé qu'une faible partie de

ces innombrables renseignements, ne voulant point élargir outre mesure le cadre que nous nous étions tracé. Cependant nous avons cru devoir publier ici, en appendice, la liste complète des jeunes filles sorties de Saint-Cyr. Un avertissement spécial, placé en tête de cette liste, indique de quelle façon elle a été établie. La plupart des noms qui s'y trouvent ont reparu et reparaissent chaque année encore dans le Saint-Cyr moderne; on aime à les retrouver là : ils y évoquent de charmants souvenirs, ils y sont comme un écho du passé.

Nous avons recherché vainement dans les archives de la préfecture de Versailles le plan original du théâtre de Saint-Cyr. Celui que nous donnons a été restitué approximativement quant aux détails, mais exactement dans l'ensemble, à l'aide des Mémoires des Dames, et d'après l'examen attentif des lieux.

Nous avons mis en tête de ce volume un portrait inédit de Madame de Maintenon. C'est la reproduction par l'eau-forte d'une miniature à la gouache, de la fin du xvii° siècle, ayant appartenu à Louis XIV qui la portait habituellement sur lui, et représentant la fondatrice de Saint-

Cyr dans le costume connu du tableau de Mignard. Après la mort du Roi, Madame de Maintenon emporta ce médaillon à Saint-Cyr où il fut conservé jusqu'à la Révolution. L'une des dernières dames de Saint-Louis, madame de Villefort le légua à madame de Gersant dans la famille de qui il est encore.

On nous permettra de remercier ici M. Léon de La Sicotière, ancien député de l'Orne, aujourd'hui sénateur, de l'intérêt qu'il a bien voulu prendre à notre travail et du gracieux témoignage qu'il nous en a donné en nous signalant l'existence de cette belle miniature dont il possédait une photographie [1].

Le propriétaire actuel du médaillon, M. le vi-

---

[1] En 1865, M. de La Sicotière organisa à Alençon une exposition rétrospective des Beaux-Arts. Le portrait de Madame de Maintenon y figura. Nous extrayons du catalogue de l'exposition la notice suivante, rédigée par M. de La Sicotière, sur les indications mêmes de l'exposant :

‹ M. le baron PATU DE SAINT-VINCENT, au château de la Pellonnière (Orne).

› 26. — *Portrait de madame de Maintenon* ; miniature à la gouache.

› Cette précieuse miniature appartenait à Louis XIV qui la portait habituellement sur lui. Recueillie à sa mort par Madame de Maintenon, elle passa dans la maison de Saint-Cyr. Conservée par la dernière abbesse et les dernières religieuses, elle a été léguée par madame de Villefort à madame de Gersant, aïeule de M. Patu de Saint-Vincent. ›

(*Catalogue de l'Exposition, des Beaux-Arts, à Alençon, 21 mai, 23 juin 1865.—Alençon de Broise. 1865, in-16, 2º partie. p. 5.*)

comte de la Rivière, habite le département de
l'Orne ; nous lui avions demandé de vouloir bien
permettre que M. Waltner, à qui la photographie ne suffisait pas, allât consulter l'original
chez lui : il nous a répondu qu'il ne voulait point
que l'habile graveur fît le voyage du Perche, et
il a envoyé immédiatement à Paris le précieux
portrait dans son cadre d'or.

Il nous est pénible de ne pouvoir reconnaître
autrement que par de vaines protestations de gra-
titude un service rendu de cette façon, mais
M. de la Rivière s'estimera assez récompensé,
nous en sommes sûr, en admirant l'œuvre fine et
charmante qui doit le jour à son exquise obli-
geance.

A. T.

Mars 1876.

LE

THÉATRE DE SAINT-CYR

CHAPITRE PREMIER

SAINT-CYR AVANT LE THÉATRE

I

L'Institut de madame de Maintenon.

Quelques jeunes filles pauvres avaient été re-
cueillies et élevées à grand'peine par deux religieuses Ursulines, mesdames de Brinon et de
Saint-Pierre, à Montmorency d'abord en 1680,
puis, deux ans plus tard, à Rueil, dans une sorte
de grande étable, et enfin, grâce à l'intervention
charitable de Madame de Maintenon, au château
de Noisy.

Peu à peu les secours du Roi arrivèrent, devinrent même considérables, et l'on eut l'idée de
transformer cet asile provisoire en un établis-

sement régulier où l'on ne recevrait que des filles d'officiers nobles et sans fortune.

Madame de Maintenon s'était de tout temps intéressée au sort de cette noblesse militaire à laquelle appartenait sa propre famille et qui vivait misérablement en province, épuisée par les guerres, sans jamais être indemnisée ni secourue, tandis que la noblesse de cour, oisive et opulente, jouissait seule des bienfaits du Roi.

Une telle partialité était peu généreuse et nullement politique. Louis XIV enfin le comprit et songea sérieusement à venir en aide à la noblesse pauvre. C'est dans cette pensée qu'il fonda les Invalides, où l'on devait surtout admettre des officiers vieux et blessés, et qu'il créa les compagnies de cadets, où l'instruction militaire était donnée à 4,000 fils de gentilshommes.

Madame de Maintenon trouva donc le Roi tout disposé à adopter et à réaliser ses projets. Il fit de la fondation de Saint-Cyr son œuvre personnelle, et exposa lui-même dans un magnifique langage le but et l'esprit de l'institution :

« Comme nous ne pouvons assez témoigner, dit-il, la satisfaction qui nous reste de la valeur et du zèle que la noblesse de notre royaume a fait paroître dans toutes les occasions en se-

condant les desseins que nous avions formés et
que nous avons si heureusement exécutés, avec
l'assistance divine, pour la grandeur de notre
État et pour la gloire de nos armes..., nous avons
établi plusieurs compagnies dans nos places fron-
tières, où, sous la conduite de divers officiers de
guerre d'un mérite éprouvé, nous faisons élever
un grand nombre de jeunes gentilshommes, pour
cultiver en eux les semences de courage et
d'honneur que leur donne la naissance, pour les
former, par une exacte et sévère discipline, aux
exercices militaires, et les rendre capables de
soutenir à leur tour la réputation du nom françois ; et, parce que nous avons estimé qu'il n'étoit
pas moins juste et moins utile de pourvoir à
l'éducation des demoiselles d'extraction noble,
surtout pour celles dont les pères, étant morts
dans le service ou s'étant épuisés par les dépenses
qu'ils y auroient faites, se trouveroient hors
d'état de leur donner les secours nécessaires pour
les faire bien élever..., nous avons résolu de
fonder et d'établir une maison et communauté,
où un nombre considérable de jeunes filles is-
sues de familles nobles, et particulièrement de
pères morts dans le service ou qui y seroient
actuellement, soient entretenues gratuitement et

élevées dans les principes d'une véritable et
solide piété, et reçoivent toutes les instructions
qui peuvent convenir à leur naissance et à leur
sexe... [1]. »

Le village de Saint-Cyr, situé à l'extrémité du
parc de Versailles, fut choisi pour y établir la
communauté. On acheta au marquis de Saint-
Brisson un petit château assez peu habitable,
construit dans un fond marécageux, mais entouré de vastes dépendances. On ne se servit
pas des bâtiments ; Mansard fut chargé d'en
construire de nouveaux. Mais, quoiqu'il eût pu
facilement porter l'édifice dans un lieu plus
élevé et plus salubre, il conserva l'ancien em-
placement.

Madame de Maintenon ne lui pardonna jamais
cette négligence. « J'aurois voulu, disait-elle,
donner à mes filles une complexion forte et une
santé vigoureuse, et le mauvais choix de Mansard m'est un obstacle insurmontable. Je ne
puis voir la méchante mine d'une de ces pauvres
enfants sans maudire cet homme. »

La maison, avec les jardins et les aqueducs,

---

[1] Archives de la préfecture de Versailles. Ces lettres patentes sont citées en entier dans l'*Histoire de la maison royale
de Saint-Cyr*, par M. Th. Lavallée.

fut construite en quinze mois ; plus de deux mille ouvriers y travaillèrent. Le *Journal* de Dangeau, que nous consulterons souvent, nous donne la date précise de l'inauguration de Saint-Cyr :

« *Lundi 29 août 1686*. Les demoiselles qui sont à Noisy commencèrent à en partir. Elles seront trois ou quatre jours à déménager. »

M. Lavallée dit que la communauté entière se transporta à Saint-Cyr du 30 juillet au 2 août. Il se fonde sur une lettre dont l'original n'est point daté, et dans laquelle Madame de Maintenon suppose que la translation de Noisy à Saint-Cyr « pourra » commencer le 30 juillet. A propos de cette très-légère erreur, disons une fois pour toutes que Dangeau, dont on a souvent plaisanté mais jamais contesté l'exactitude, écrit au jour le jour, et ne saurait se tromper.

Le voyage se fit avec pompe : le Roi prêta ses carrosses et sa livrée ; les Suisses de sa maison servaient d'escorte. En tête, marchaient des prêtres portant la croix et les reliques de saint Candide. Ces reliques, enfermées dans une châsse de cristal que recouvrait une moire blanche brodée d'or, avaient été envoyées par le Pape à Madame de Maintenon en 1683.

Les lettres patentes citées plus haut sont du
mois de juin 1686. Dangeau en eut immédiatement connaissance, car, à la date du 6 juin,
il nous en donne dans son *Journal* l'analyse
complète :

« Le Roi a donné des lettres patentes pour
l'établissement de la communauté de Saint-Cyr
et pour partie de la fondation, qui doit être de
50,000 écus de rente ; il y a uni la mense abba-
tiale de l'abbaye de Saint-Denis, qui va à peu
près à 100,000 francs. Madame de Maintenon en
aura la direction générale ; Madame de Brinon
sera supérieure de la communauté, et l'abbé
Gobelin sera supérieur ecclésiastique avec 2,000
francs de pension. Il y aura trente-six Dames,
vingt-quatre Sœurs converses et deux cent cinquante Demoiselles ; les Dames et les Demoiselles font preuve de trois races ou de cent
ans de noblesse, et d'Hozier est le généalogiste [1]. »

On voit que Dangeau cite de mémoire : il
s'écarte un peu ici du texte des lettres patentes.
On exige quatre degrés, du côté paternel seulement ; et Languet de Gergy, dans ses *Mémoires*

---

[1] Dangeau, I, 346.

pour servir à l'histoire de la maison de Saint-Louis, fait observer qu'on ne demande pas de preuves du côté maternel, parce que, d'ordinaire, c'est la noblesse la plus pauvre qui se mésallie pour se soutenir, et que le but unique de l'institut était précisément de venir en aide à cette noblesse.

Ajoutons encore aux renseignements donnés par Dangeau, que la communauté, placée sous la protection de la Vierge et sous l'invocation de saint Louis, était soumise à l'autorité de l'évêque de Chartres « pour tout ce qui dépend de la visite, correction et juridiction épiscopale. » — L'évêque, Ferdinand de Neuville, approuva les constitutions, dont Racine avait été chargé de revoir le texte au point de vue du style [1]. Le Pape les lut et fit savoir qu'il en avait été édifié.

Madame de Maintenon refusa le titre et les honneurs d'Institutrice de la maison de Saint-Louis, que lui offrait Louis XIV. Mais le Roi voulut au moins lui conférer par un brevet toutes les prérogatives, autorité et direction nécessaires à une fondatrice, et lui assurer, sa

[1] Lettre de Madame de Maintenon, publiée à la suite des Mémoires de Louis Racine.

vie durant, la jouissance de l'appartement qu'on
avait fait construire pour elle [1]. Madame de
Brinon, qui devait être plus tard disgraciée par
sa faute, fut nommée Supérieure à vie, contrai-
rement aux constitutions, qui voulaient que la
Supérieure fût triennale.

La principale condition d'admission dans l'Institut de Saint-Louis était la noblesse, qui im-
pliquait nécessairement alors le mérite militaire,
et dont le généalogiste du Roi vérifiait les preuves.
La seconde condition indispensable était la pauvreté, que certifiaient l'évêque et l'intendant de
la province [2].

Les Demoiselles étaient reçues de sept à douze
ans et devaient quitter la maison après leur
vingtième année accomplie. A leur sortie, elles
recevaient une petite dot d'environ 3,000 livres,
qui leur servait à entrer au couvent, et quelquefois, mais bien rarement, à se marier : car il
ne paraît pas que les élèves de Saint-Cyr, malgré
l'incomparable éducation qu'elles avaient reçue,
fussent, même dans leurs provinces, des partis
très-recherchés. « Ce qui me manque, disait Ma-

[1] Archives de la préfecture de Versailles ; Mémoires des
Dames de Saint-Louis ; *Histoire de la maison royale de Saint-
Cyr*, par Th. Lavallée.
[2] Voir les *Souvenirs* de madame de Caylus, 1re édition, p. 122.

dame de Maintenon, ce sont des gendres. Je
trouve peu d'hommes, mes chères enfants, qui
préfèrent vos vertus aux richesses qu'ils peuvent
rencontrer. »

Il s'en présenta pourtant quelques-uns. « Madame de Maintenon, nous dit Saint-Simon, choi-
sissoit d'ordinaire une Demoiselle ou deux à
Saint-Cyr, des plus prêtes à quitter la maison,
pour se les attacher, leur dicter ses lettres et
s'en faire accompagner partout. Le Roi, qui les
voyoit sans cesse, prenoit souvent de la bonté
pour elles et les marioit. »

L'une des jeunes filles que Madame de Maintenon s'attacha ainsi, la plus connue et certainement la plus aimable, mademoiselle d'Aumale,
ne se maria point. Mais ce ne furent pas les
partis qui lui manquèrent. Son amitié pour Madame de Maintenon, sa piété, son peu de goût
pour les plaisirs et pour le monde, l'éloignaient
du mariage. Une autre, mademoiselle d'Osmont,
épousa M. d'Avrincourt, riche gentilhomme, à
qui le Roi accorda le gouvernement d'Hesdin en
Artois. La jeune duchesse de Bourgogne s'amusa
fort à cette noce, et Saint-Simon rapporte que,
pour se divertir et aussi pour plaire à Madame
de Maintenon, elle voulut donner elle-même la

chemise. Cette gentillesse n'a de sens que pour
qui connaît l'étiquette et les habitudes de la
Cour. Les autres secrétaires de Madame de Maintenon furent : mademoiselle de Loubert, qui devint supérieure ; mademoiselle de Saint-Etienne,
qui mourut dame de Saint-Louis ; mademoiselle
de Castéja, qui épousa M. de la Lande, gentilhomme du duc du Maine ; mademoiselle de Tonnancourt, qui fut rendue avant l'âge à sa famille ;
mademoiselle de Bouju, qui devint Ursuline, et
mademoiselle de Mornanville, qui épousa le
président de Chailly.

Louis XIV répandait chaque jour de nouveaux
bienfaits sur l'Institut de Saint-Louis. Il se préoc-
cupait avec une grande sollicitude de la santé et
du bien-être des élèves ; son intérêt les suivait
jusque dans leur famille, après leur départ de
Saint-Cyr. Par une déclaration dont l'original
est conservé aux archives de la préfecture de
Versailles, il voulut que les jeunes filles ren-
voyées de la maison pour infirmité ou maladie [1],

---

[1] Nous avons trouvé dans les archives de la préfecture de
Versailles une curieuse note rédigée par Chamillard, alors président du *Conseil du dehors* de la maison de Saint-Louis. On lui
avait demandé d'indiquer les maladies ou infirmités qui pouvaient,
suivant lui, motiver la sortie anticipée des Demoiselles ; voici ce
qu'il répondit :

« La paralysie, les écrouelles, le scorbut, l'épilepsie et des

jouissent d'une pension alimentaire de cent cinquante livres par an, jusqu'à l'âge de vingt ans,
et qu'on leur fît toucher alors, comme aux autres,
une dot de 3,000 livres.

Il est probable qu'on abusa de ces dispositions
bienveillantes. Le confesseur du Roi, à qui devaient être adressés dans l'origine tous les placets
relatifs à la maison de Saint-Cyr, en fut tellement
obsédé, qu'il fallut le débarrasser de cette charge.
A partir du 15 mars 1709, ainsi que Dangeau
nous l'apprend, les placets furent renvoyés au
chancelier Voysin, lequel, en sa qualité d'admi-
nistrateur, était moins facile à attendrir [1].

vapeurs continuelles qui iroient à la folie, me paroissent être les
véritables infirmités pour lesquelles il y auroit une nécessité
absolue de renvoyer les Demoiselles. La teigne et les vapeurs
se peuvent guérir ; il faudroit de la patience avant de se décider.
Pour les maux qui se peuvent gagner, on ne sauroit prendre trop
promptement son parti. »

[1] Voysin avait été nommé, après Chamillard, président du
Conseil du dehors de la maison de Saint-Louis.

II

Les dames de Saint-Louis et les demoiselles
de Saint-Cyr.

On avait eu l'idée d'abord de confier l'éducation des jeunes filles à des chanoinesses et non
à des religieuses; on y renonça. Les Dames
firent des vœux solennels et prirent le titre de
dames de Saint-Louis. On créa pour elles un
ordre particulier, « qui étoit, dit madame de
Caylus, un mélange de l'ordre des Ursulines avec
celui des filles de Sainte-Marie. » Elles ne devaient
être appelées ni ma mère, ni ma sœur, mais madame, et elles conservaient leur nom de famille.

Louis XIV leur donna des armoiries composées d'un « écu d'azur à une croix haussée d'or,
semée de fleurs de lis de même, et sommée
d'une couronne royale aussi d'or, le croison et
le bas du fût de la croix terminés chacun par
une fleur de lis d'or, » pour marquer tout ensemble, disent les lettres patentes [1], la piété
dont elles font profession et la noblesse de leur

---

[1] Ces lettres patentes se trouvent aux Archives de la préfecture de Versailles, ainsi que le brevet délivré par d'Hozier,
garde de l'Armorial général de France.

maison ; il leur accorda le droit de faire porter par
les gardes de leurs bois et chasses et leurs autres serviteurs les livrées royales, dont les couleurs, rappelons-le en passant, étaient : bleu,
blanc et rouge.

Saint-Cyr devint un important domaine, et
exerça sur toute la contrée une influence bienfaisante. On peut consulter aux Archives de la
préfecture de Versailles le livre sur lequel s'ins-
crivaient les aumônes faites par les soins de la
dépositaire, d'après l'ordre de la Supérieure et
du Conseil, dans les paroisses où la maison avait
du bien. Ces aumônes sont considérables, et le
titre du livre indique que l'on n'y a point
compris « celles qui passent par l'économe. »

En voici quelques-unes qui nous ont paru
dignes d'être relevées :

A des pauvres de Trappes..	49 l. 4 d.
A un pauvre gentilhomme, par charité	3
A une pauvre demoiselle.	24
Pour les enfants trouvés.	60
A une famille de Saint-Cyr.	116
A un pauvre officier.	3
A un nouveau converti.	3
Aux pauvres de Rueil	50
A un pauvre gentilhomme.	6
A la maîtresse d'école d'Auvers.	250
(plusieurs fois répété)	
A des religieuses passantes.	24
A un pauvre Allemand.	9
A un pauvre gentilhomme.	24

On voit que la charité des dames de Saint-Louis avait à soulager les misères les plus diverses. Au registre des aumônes se trouve joint l'état des ornements sacerdotaux, dais, linge d'autel, dentelles, livres d'église, etc., donnés à tous les villages d'alentour. Il était difficile de mieux remplir les devoirs seigneuriaux.

Nous n'avons pas à entrer dans de longs développements sur la fondation et l'organisation de l'Institut de Saint-Louis : ces détails sont connus ; nous nous bornerons à les rappeler ou à les indiquer sommairement.

Les dames de Saint-Louis, au nombre de trente-six, devaient se recruter parmi les élèves; mais, les Demoiselles venues de Noisy étant presque toutes trop jeunes, il fut impossible d'appliquer cette règle dès le début. On dut même y déroger plus d'une fois dans la suite, jusqu'à ce que Louis XIV eût définitivement autorisé les dames de Saint-Louis à appeler, quand cela serait nécessaire, des personnes du dehors pour remplir les places vacantes. Les demoiselles du ruban noir, c'est-à-dire les élèves de la classe supérieure, étaient employées en qualité de quatrièmes maîtresses.

Le costume, ou, comme on disait alors, l'habit

des dames de Saint-Louis était simple et noble :
une longue robe de belle étamine noire du Mans ;
des souliers de maroquin noir ; des gants noirs
bronzés, couvrant le bras jusqu'au coude, et que
l'on portait, suivant la mode raffinée de l'époque, au-dessus d'autres gants de toile ou de soie
légère ; une collerette ou petit collet de taffetas
noir qui s'attachait sur la poitrine avec de petits
rubans appelés *nompareille* ; enfin, une coiffure
de taffetas et de gaze, d'où tombait, froncé par
derrière, un long voile de *pomille* ou *prisonnière*, fort large, « pour pouvoir, dit le Père
Hélyot, le baisser dans les temps convenables[1]. » Un peu de fine batiste, dépassant modes-
tement le col et les manches de la robe, éclairait
fort à propos ce sombre uniforme. A l'église,
aux jours ordonnés, les dames de Saint-Louis
portaient un manteau d'étamine à longue traîne.

On présenta au Roi mademoiselle Balbien,
femme de chambre de Madame de Maintenon, à
qui l'on avait essayé le premier modèle de cet
habit. Il regarda avec beaucoup d'attention, et
trouva tout fort bien, sauf la coiffure, que Madame de Maintenon avait voulue aussi simple

---

[1] *Histoire des ordres monastiques, religieux et militaires*,
IV, 436.

que possible. Comme le Roi était de bon goût,
disent les Dames dans leurs *Mémoires*, et qu'il
n'entendait pas autrement les raisons de cette
simplicité, il dit : « Quel diable de petit bonnet
est-ce là ? » Madame de Maintenon en rit ; mais,
voyant qu'il ne lui plaisait pas, elle en fit faire un
autre plus orné, quoique fort modeste encore,
qu'il agréa cette fois comme le reste.

Cependant, en 1707, après la réforme intro-
duite à Saint-Cyr, et dont nous parlerons en son
lieu, Louis XIV autorisa les dames de Saint-
Louis, sur leurs instantes prières, à quitter cet
habit trop séculier, pour prendre la coiffe, la
guimpe et le scapulaire des religieuses de Saint-
Augustin. Madame de Maintenon leur fit seulement
garder la croix d'or fleurdelisée et le manteau.

L'habit des Demoiselles ne différait guère à
l'origine de celui des Dames que par la couleur
et par un peu plus d'élégance et de parure. Il
était d'étoffe brune (étamine ou serge, suivant
la saison) ; mais on jugea qu'il devait se rap-
procher autant que possible des modes du dehors, afin que les élèves pussent le porter
encore après avoir quitté la maison. L'uniforme
de Saint-Cyr fut donc légèrement modifié d'année
en année.

III

Les classes.

Les Demoiselles étaient partagées en quatre classes, que l'on distinguait par la couleur du ruban : les toutes petites filles portaient des rubans rouges ; celles des autres classes en portaient successivement de verts, de jaunes et de bleus. On choisissait en outre vingt Demoiselles, parmi les meilleures de la classe bleue, à qui l'on donnait le ruban noir. Celles-ci avaient rang, comme nous l'avons dit plus haut, de quatrièmes maîtresses ; elles occupaient une salle particulière et pouvaient aller seules dans la maison. On les attachait ordinairement aux Dames en charge, telles que l'infirmière, la lingère, la dépositaire, l'économe, pour les aider dans leurs offices. Il y avait enfin dix Demoiselles décorées du ruban couleur de feu, et qui méritaient, par la perfection de leur conduite, d'être appelées les filles de Madame de Maintenon.

Chaque classe était gouvernée par quatre Dames. Les élèves se groupaient par *bandes* ou *familles* et travaillaient à des tables séparées. Chacune de ces bandes se composait générale- ment de neuf Demoiselles. Les trois plus sages dirigeaient et surveillaient les autres : la pre- mière comme *chef*, la seconde comme *aide*, la troisième comme *suppléante*.

Les classes de la maison royale de Saint-Cyr ne ressemblaient en rien, même pour la disposition intérieure, à celles de nos pensionnats mo- dernes.

L'été, elles étaient fraîches et gaies : on pou- vait voir par les fenêtres ouvertes les fleurs et les jets d'eau des jardins. L'hiver, un grand feu flambait dans une large cheminée, autour de laquelle les jeunes filles venaient s'asseoir pour lire ou broder. Les siéges étaient, non pas des bancs, mais des tabourets de moquette ou de tapisserie. Sur la cheminée un tableau de piété, un crucifix, ou même, plus tard, après la mort de la fondatrice, un portrait de Madame de Maintenon « en sainte Françoise. » Les rideaux des fenêtres étaient de serge pour l'hiver et de toile pour l'été.

Chaque groupe ou famille d'élèves avait sa table de travail à tiroirs, ses boîtes de jeux, ses damiers, ses totons « pour jouer à la ressource, » une provision de papier et de plumes, une écritoire, une boîte à poudre.

Les murs étaient tendus de belles tapisseries, dites tapisseries de Bergame, et garnis d'estampes, d'images pieuses, de figures héraldiques pour l'étude du blason, et de cadres dans lesquels on affichait diverses prescriptions sous ces titres : Soins des Dames ; Soins des Demoiselles.

Le reste du mobilier consistait en un ou plusieurs bureaux à guichets et des chaises en bois tourné à l'usage des maîtresses ; vingt-quatre pupitres pour la musique ; « une table pour relier, avec les choses nécessaires, » un globe pour la géographie, « une tête de bois, avec ou sans visage, » des tablettes pour mettre les manchons, un dévidoir, des flambeaux, des lampes, etc.

Chaque classe avait sa bibliothèque particulière contenant quelques-unes des tragédies imprimées ou manuscrites qui constituaient le répertoire du théâtre, et qu'on appelait les Tragédies de la maison : *Esther*, *Athalie*, *Jephté*, *Absalon*, *Gabinie*, etc.; les *Conversations* et les *Instructions* de Madame de Maintenon, les *Quatrains* de Pibrac, et surtout l'*Introduction à la vie dévote*, que l'on regardait à Saint-Cyr comme le livre par excellence ; enfin, plusieurs recueils de musique religieuse et même quelques morceaux choisis des opéras de Quinault.

Les maîtresses étaient dépositaires d'un certain nombre d'objets, tels que des croix d'argent portant la lettre initiale de la classe ; une croix spéciale pour « la Maintenon », c'est-à-dire pour la plus sage et la plus instruite ; des gants, des pièces de ruban de la couleur de la classe ; enfin plus de soixante-cinq clefs, parmi lesquelles nous remarquons celle de la prison, celle de « l'armoire où sont les jeux » et celle du théâtre.

Les cahiers où sont inscrits les inventaires des classes [1] datent de la fin du XVIII° siècle : on le reconnaît aisément à l'écriture, à l'orthographe, et aux ramages de la couverture. Mais le mobilier n'avait certainement pas été renouvelé depuis Madame de Maintenon. On lit dans les *Mémoires* des Dames que, cinquante ans après la fondation, une partie du linge donné à la maison par Louis XIV servait encore.

[1] Archives de la préfecture de Versailles.

IV

Programme d'une éducation chrétienne,
noble et raisonnable.

Cette institution, si sagement, si maternelle-
ment organisée, n'était pas tout-à-fait exempte
de reproche. L'éducation aristocratique de Saint-
Cyr s'appropriait fort bien sans doute, comme
l'entendait Louis XIV, à la naissance et à la
qualité des élèves ; mais il y a toujours un peu
de frivolité au fond des institutions féminines.
Madame de Maintenon ne put s'empêcher d'en-
courager par son indulgence, et aussi par son
exemple, l'innocente coquetterie de ses petites
filles. Elle alla jusqu'à leur distribuer des dentelles et des perles ; on la voit constamment
préoccupée dans ses lettres du soin de leur
« taille ». Elle-même, déjà vieille et presque toujours enfermée à Saint-Cyr, conserve encore ses
habitudes d'élégance :

« N'oubliez pas le taffetas gris de mademoiselle
d'Aumale, écrit-elle à la marquise de Villette
(12 juin 1710), et en même temps apportez-moi,
je vous prie, des échantillons, ou plutôt des

pièces, si on veut vous les confier, de plusieurs
sortes d'étoffes blanches. J'en suis insatiable, et
pour le jour et pour la nuit. Quelques taffetas
façonnés me seroient bien nécessaires pour une
robe de jour ; mais je voudrois qu'il fût un peu
fort. Je bouffe si peu par ma personne, qu'il
faut que je bouffe par mes habits. Mademoiselle
d'Aumale voudroit bien bouffer aussi et n'avoir
pas un taffetas mollasse... [1] »

Après tout, une légère pointe de coquetterie
et de belle humeur ne messied pas à la fondatrice de Saint-Cyr. On nous l'a trop longtemps représentée comme une puritaine guindée
et revêche. Saint-Simon et la Palatine en ont
fait une espèce de duègne : ils n'ont montré que
l'envers de ses qualités ; ils ont tourné en ridicule sa haute raison, son esprit politique, sa
piété, son goût sévère et correct ; et parce
qu'elle faisait passer avant toutes choses le soin
de sa réputation, de sa gloire, comme on disait,
ils l'ont taxée de vanité et d'égoïsme.

Madame de Maintenon était aussi simple et
aussi modeste que peut l'être une personne
illustre entourée d'un faste royal ; elle était

---

[1] *Madame de Maintenon et sa famille,* lettres et documents
inédits publiés par M. Honoré Bonhomme, p. 78.

surtout bonne et indulgente, et possédait à un
degré rare la science et le talent de l'éducation.
A Saint-Cyr on l'adorait ; elle régnait avec
douceur, et cependant avec autorité. Elle aimait
et stimulait la gaieté étourdie des jeunes filles,
se mêlait à leurs jeux, se plaisait à leur bruit,
à leurs cris ; elle disait : « J'aime tout en elles,
jusqu'à leur poussière ! »

Dans ses plans d'études, la récréation tenait
une grande place. Elle avait compris qu'un en
seignement trop sérieux, trop méthodique, ne
convient pas à l'enfance ; qu'il faut lui rendre
l'étude facile, divertissante même. Tout à Saint-
Cyr, jusqu'à la religion, devait être aimable. On
se garda bien d'y laisser pénétrer cette dévotion
janséniste, si répandue au XVIIᵉ siècle, dévotion étroite, méticuleuse, toute pleine de
subtilités, et d'ailleurs très-entachée d'hérésie.
« La piété, disait Madame de Maintenon, ne doit
être ni triste ni austère, mais au contraire gaie
par le repos d'une bonne conscience [1]. »

Les demoiselles de Saint-Cyr étaient élevées
dans ces principes. On leur enseignait Dieu tel
que nous le montre l'Evangile, c'est-à-dire bon,

[1] *Lettres sur l'éducation*, p. 340.

paternel et familier. Elles l'aimaient ; elles
aimaient leur jolie chapelle, elles l'entretenaient
elles-mêmes ; toutes, jusqu'aux plus petites, y
apportaient des fleurs. Elles chantaient aux
offices sous la direction d'un maître habile ; et
c'est ainsi que l'on trouva dans la suite, pour
les chœurs d'Esther, des éléments tout prêts.

« Nous voulions, disait encore Madame de
Maintenon, une éducation solide, éloignée de
toutes les petitesses de couvent ; de l'esprit, de
l'élévation, un grand choix dans nos maximes ;
une grande liberté dans nos conversations, un
tour de raillerie agréable dans la société... et un
grand mépris pour les pratiques des autres
maisons... » Elle voulait que les Dames prê-
chassent surtout d'exemple : « Vos filles, écrivait-
elle à Madame de la Mairie, seront à peu près
telles que vous serez : si vous êtes de bonne
foi, elles seront de bonne foi ; si vous agissez
droitement, elles agiront droitement ; si vous
vous relâchez, elles se relâcheront ; si vous êtes
extérieures, elles seront extérieures ; si vous
faites autrement quand on vous voit que lorsque
l'on ne vous voit pas, elles feront de même ; si
vous vous donnez tout entières, elles se donne-
ront aux choses dont vous les chargerez ; si vous

vous cachez de vos supérieures, elles se cache-
ront de vous... [1] »

Les directeurs ecclésiastiques de Saint-Cyr
approuvaient cette éducation à la fois « chrétienne, noble et raisonnable». Le Roi était pénétré
des mêmes idées : il pensait qu'en « bornant à
des lectures et à des exercices religieux trop
multipliés l'éducation des femmes, on les laisse
dans l'ignorance des choses les plus ordinaires
de la vie [2]. »

Durant cette première et brillante période,
Saint-Cyr fut bien, comme le dit M. Lavallée, la
maison la plus littéraire du royaume. On y vit
renaître, moins la galanterie et l'afféterie, les
belles traditions des hôtels de Rambouillet,
d'Albret et de Richelieu, dont Madame de Maintenon, elle-même l'avoue, avait peine à perdre le
ton. On y écrivit des lettres en style de Voiture ;
on y apprit à rimer ; on y parla cette langue
exquise des Précieuses de la bonne époque, des
la Fayette, des Coulanges, des Sévigné ; on se
passionna pour le bel esprit et les belles manières.

Cependant la grande difficulté fut de mettre

[1] *Lettres sur l'éducation*, p. 340.
[2] Instruction pour le Dauphin, II, 270.

entre les mains de ces jeunes filles des ouvrages
sérieux et bien écrits, également propres à les
édifier et à les instruire. Madame de Maintenon
en trouva fort peu d'irréprochables. C'est pourquoi elle se décida à faire appel, non-seule-
ment à Racine, mais encore à la plupart des
bons auteurs de son temps. Elle écrivait au
duc de Noailles :

« N'auriez-vous pas sous votre protection un
bel esprit qui eût un appétit égal à son mérite,
et qui n'eût pas un revenu égal à son appétit ?
De mon temps, cela se trouvoit. Eh bien, je
voudrois qu'il me fît pour mes enfants de petites
histoires qui ne leur laissassent dans l'esprit que
des choses vraies. Je ne voudrois pas qu'il y eût
de merveilleux, car je connois le danger qu'il y
a à ne pas accoutumer l'esprit à des mets simples. Vous traiterez tout cela comme n'ayant
pas à payer un travail mercenaire, et vous en-
velopperez de toutes vos politesses les vues
grossières que je vous propose. »

Madame de Maintenon a composé elle-même
un très-grand nombre d'ouvrages destinés à la
récréation et à l'instruction des Demoiselles. Ce
sont des chefs-d'œuvre de style, d'esprit et de
raison.

L'établissement de Saint-Cyr lui acquit de
son vivant une réputation européenne. Nul ne
s'étonna que Louis XIV l'eût élevée presque
jusqu'au trône, et, malgré le mystère dont elle
avait voulu que fût entouré son mariage, elle se
vit partout traitée en reine. Un prédicateur [1]
ne craignit pas de lui en décerner le titre du
haut de la chaire ; les papes Alexandre VIII et
Clément XI lui écrivaient directement, pour lui
recommander des princes de l'Église ; Innocent XII lui envoyait de riches présents accompagnés d'indulgences extraordinaires, et lui
accordait par un bref spécial le droit « d'entrer
dans les monastères du royaume, d'y manger
dans le réfectoire et d'y converser avec les religieuses. » C'était un privilége tout royal [2].

[1] Le P. Grimaud. (Mercure de novembre 1685, p. 6. C'est
l'année même du mariage.)

[2] Les originaux de ces brefs sont conservés aux archives de
la préfecture de Versailles. Il y en a plusieurs que M. Lavallée
a négligé de publier dans la correspondance de Madame de
Maintenon et qui mériteraient de ne pas rester inédits.

CHAPITRE II

PREMIERS ESSAIS DE REPRÉSENTATIONS DRAMATIQUES

On peut s'étonner au premier abord de trouver dans un couvent de jeunes filles, comme Saint-Cyr, tout un théâtre organisé, avec un personnel et un matériel complets ; des auteurs, un répertoire, et, ce qui manque à bien des théâtres, un public.

Mais il ne faut pas oublier que ce fut précisément dans les couvents et dans les colléges que s'opéra en France la renaissance de la scène. Les écoliers qui, de tout temps, avaient joué sous les yeux de leurs maîtres des pièces grecques ou latines, en étaient venus, dès le milieu du XVI⁰ siècle, à représenter presque publiquement des tragédies et des comédies françaises.

Ce fut au collége de Boncourt que Jodelle fit jouer, en 1552, sa tragédie de *Cléopâtre* et sa comédie d'*Eugène*. La *Trésorière* de Jacques Grévin fut jouée au collége de Beauvais le 5 février 1558, et, deux ans après, le 16 février 1560, on représenta dans le même collége deux autres pièces de Jacques Grévin, *César ou la Liberté vengée*, et les *Esbahis*. Cette dernière comédie avait été composée pour les noces de la duchesse de Lorraine, qui y assista avec toute la Cour. L'*Achille* de Nicolas Filleul fut « récité » publiquement au collége d'Harcourt le 21 décembre 1563. On peut mentionner encore les tragédies de *Polixène*, d'*Esaü* et d'*Hypsicratée*, jouées en 1597, 1598 et 1604, au collége des Bons-Enfants de Rouen [1]. Enfin, le *Mercure*, en annonçant les représentations de Saint-Cyr, dit que « cela s'est fait depuis plusieurs siècles et se fait encore dans les couvents les plus austères. »

Ces traditions théâtrales se perdirent de bonne heure dans l'Université, mais furent avec raison conservées chez les Jésuites. Aujourd'hui encore on joue Molière dans les colléges romains, au collége Capranica notamment.

La première supérieure de Saint-Cyr, madame de Brinon, ne fit donc que se conformer à

---

[1] Voir les *Curiosités théâtrales anciennes et modernes* de M. Victor Fournel.

l'usage immémorial des colléges et des couvents
en faisant apprendre et réciter à ses élèves des
pièces de théâtre. Elle eut seulement le tort de
choisir des moralités insipides, sans poésie et
sans style, telles que sont encore trop souvent
les ouvrages destinés à édifier la jeunesse. Toutes
les vieilles tragédies de martyrs y passèrent.
Elle-même se mêla d'en composer quelques-unes
encore plus détestables. C'est ainsi du moins que
les jugent, dans leurs *Mémoires*, les dames de
Saint-Louis, ajoutant que « pour réussir en ces
sortes de choses, il faut avoir des règles et un
génie particuliers qu'on ne se donne point, quelque esprit qu'on ait. »

Madame de Brinon avait en effet beaucoup
d'esprit et une facilité incroyable d'écrire et de
parler. « Elle faisoit, dit madame de Caylus, des
espèces de sermons fort éloquents, et, tous les
dimanches après la messe, elle expliquoit l'Évangile comme auroit pu le faire M. Le Tourneur. »
Mais son mauvais goût, son défaut de tact et sa
vanité devaient la perdre.

« Madame de Maintenon, disent les Dames de
Saint-Louis, souffrit assez longtemps qu'on jouât
de ces mauvaises pièces, par complaisance pour
madame de Brinon, et aussi pour les Demoiselles,

à qui tout est bon, pourvu qu'elles aient récréation. Mais elle comptoit bien y mettre ordre lorsqu'elle seroit débarrassée de choses plus importantes et plus pressées, ce qu'elle fit dès qu'elle
put. Et, réfléchissant sur cela, elle crut qu'il n'y
auroit point d'inconvénient de faire jouer à ces
demoiselles quelques-unes des meilleures pièces
de Corneille et de Racine parce qu'il y en a qui
lui sembloient assez épurées des passions dange-
reuses à la jeunesse, ou traitées si délicatement,
qu'il n'y auroit pas à craindre qu'elles leur
fussent préjudiciables ; et que ce sont de beaux
vers qu'il valoit mieux qu'elles apprissent que
ceux qui sont plus communs ou qui n'ont rien
que de bas ; elle pensa que ce seroit un moyen
de cultiver leur mémoire par de belles choses, de
leur apprendre à bien prononcer, à se tenir de
bonne grâce... et à n'être pas si neuves quand
elles s'en iroient, que le sont la plupart des filles
élevées dans les couvents. »

On joua tour à tour *Cinna*, *Andromaque*,
Iphigénie, *Alexandre*. « Ces petites filles, dit
madame de Caylus, représentèrent *Cinna* assez
passablement pour des enfants qui n'avoient été
formées au théâtre que par une vieille religieuse. Elles jouèrent ensuite *Andromaque*, et,

soit que les actrices en eussent été mieux choisies, ou qu'elles commençassent à prendre des
airs de la Cour, dont elles ne laissoient pas de
voir de temps en temps ce qu'il y avoit de meilleur, cette pièce ne fut que trop bien représentée au gré de Madame de Maintenon. »

On a souvent cité sa lettre à Racine : « Nos
petites filles ont joué hier *Andromaque*, et l'ont
jouée si bien, qu'elles ne la joueront plus, ni
aucune de vos pièces. »

Il n'est pas d'ailleurs étonnant que Racine fût
mieux interprété que Corneille. Le génie de
Corneille est rude, peu accessible. Le vieux
poëte ne descend jamais des hauteurs de l'hé-
roïsme et du sublime ; ses personnages sont plus
grands que nature ; il n'y en avait point à la
taille de ces toutes jeunes filles. Racine, au contraire, tendre, poli, correct, harmonieux, tout
féminin, leur convenait parfaitement. Il ne s'é-
levait guère au-dessus de cette éloquence noble
et pure, qui est le type de la perfection clas-
sique, mais il s'y maintenait et il était facile de
l'y suivre ; enfin, il n'avait fait qu'emprunter à
la Cour — et Saint-Cyr était presque la Cour —
la délicatesse et les élégances de son style.

Mais Madame de Maintenon, comme nous ve-

nons de le voir, se montra fort alarmée du succès des jeunes actrices. « Elle commença de
craindre, disent encore les dames de Saint-
Louis, qu'elles n'entrassent trop dans l'esprit
des personnages qu'elles représentoient ; que ce
ne leur fût un piége qui excitât leur goût pour
les choses profanes, et ne leur fît perdre celui
qu'on tâchoit de leur inspirer pour la piété ; que
les passions ne laissent pas de se faire sentir
dans ces sortes d'ouvrages, d'une façon d'autant
plus dangereuse qu'elles y sont représentées
sous des couleurs apparentes de vertus, mais
vertus païennes, qui ont l'orgueil pour principe,
et qui, par conséquent, sont bien plus opposées
qu'elle n'avoit pensé à l'esprit de l'Évangile...
Ces réflexions lui firent abandonner son premier projet pour en prendre un plus conforme
à ses intentions, qui fut d'engager Racine, un
des meilleurs poëtes qui fût alors, à faire quelques belles pièces dont le sujet seroit pieux et
composé de manière que les Demoiselles y trou-
vassent autant de plaisir que des instructions
propres à leur faire goûter la religion et la
vertu. »

C'est ainsi, on le sait, que naquit *Esther*.
Madame de Maintenon avait demandé à Racine

« s'il ne pourroit pas faire sur quelque sujet de
piété et de morale une espèce de poëme où le
chant fût mêlé avec le récit, le tout lié par une
action qui rendît la chose plus vive et moins
capable d'ennuyer. La pièce, disait-elle, seroit
uniquement pour Saint-Cyr, et ne seroit nullement connue du public. » — Il ne fallait pas que
l'auteur crût sa réputation intéressée dans cet
ouvrage ; il importait peu aussi que les règles
de la poétique n'y fussent pas observées, pourvu
qu'il contribuât aux vues qu'on avait de divertir
les demoiselles de Saint-Cyr en les instrui-
sant.

« Cette lettre, dit madame de Caylus, jeta
Racine dans une grande agitation. Il vouloit
plaire à Madame de Maintenon ; le refus étoit
impossible à un courtisan, et la commission délicate pour un homme qui avoit comme lui une
grande réputation à soutenir, et qui, s'il avoit
renoncé à travailler pour les comédiens, ne vouloit pas du moins détruire l'opinion que ses ouvrages avoient donnée de lui. Despréaux, qu'il
alla consulter, décida pour la négative ; ce n'é-
toit pas le compte de Racine. Enfin, après un
peu de réflexion, il trouva dans le sujet d'*Esther*
ce qu'il falloit pour plaire à la Cour. Despréaux

lui-même en fut enchanté, et l'exhorta à travailler, avec autant de zèle qu'il en avoit eu pour l'en détourner. »

Pendant que Racine créait pour les jeunes pensionnaires de Saint-Cyr un de ses plus purs chefs-d'œuvre, celles-ci se préparaient par d'excellents exercices à la déclamation et au jeu du théâtre. Madame de Maintenon leur avait composé elle-même des dialogues ou *Conversations* dont plusieurs eussent à peine été déplacés dans une comédie de Molière. Les sujets en étaient bien choisis et prêtaient tous à d'agréables développements en même temps qu'à des observations utiles.

Madame de Maintenon improvisait facilement ces Conversations, et chaque jour on lui en demandait de nouvelles. Il y en a de charmantes sur le *Silence*, les *Discours populaires*, le *Jugement*, l'*Habitude*, les *Répugnances*, les *Occasions*, la *Faveur*.

Plus d'une fois, le Roi, dans ses visites à Saint-Cyr, en fit réciter devant lui, et se montra charmé de la grâce et de l'esprit des Demoiselles. Celles-ci s'enhardirent peu à peu, si bien que, lorsqu'arriva le grand jour de la première représentation d'*Esther*, elles montrèrent une

assurance qui étonna plus que tout le reste
leur magnifique auditoire.

Madame de Brinon ne vit pas ce triomphe
d'*Esther*, qui lui était dû en partie. Cette amie
de Madame de Maintenon, cette fondatrice de la
petite école de Montmorency, d'où sortit Saint-
Cyr, avait été comblée d'honneurs et de bienfaits. Le Roi la visitait, la consultait ; les plus
grands seigneurs lui faisaient la cour ; Madame
de Maintenon elle-même, en obtenant qu'elle fût
nommée, malgré les constitutions, supérieure
perpétuelle de l'Institut de Saint-Louis, avait pour
ainsi dire abdiqué en sa faveur.

Mais madame de Brinon n'avait pas l'âme
assez forte pour supporter dignement sa haute
fortune. Elle eut le vertige des parvenus. Son
orgueil, son faste, sa dépense excessive, devinrent pour les Demoiselles un dangereux exemple. Elle se donna un appartement somptueux,
se fit une cour d'élèves favorites, devint glorieuse, dédaigneuse, fantasque ; et, lorsque Madame de Maintenon essaya sur le ton de la
prière de lui adresser quelques observations,
elle les accueillit avec impertinence et n'en tint
aucun compte.

Madame de Maintenon se lassa enfin d'une

conduite qui devenait compromettante pour la discipline de l'Institut.

« La Maison ne peut être gouvernée, disait-elle, par deux personnes qui pensent si différemment... Que veut-elle? que demande-t-elle? Elle est aussi libre que si elle n'étoit pas religieuse ; toute la communauté prévient ses désirs, ses fantaisies même; elle est estimée à la Cour, considérée à la ville, consultée par d'habiles gens; elle règne sur la partie la plus malheureuse et la mieux élevée de la noblesse du royaume ; que lui manque-t-il?..... Je voudrois que madame de Brinon fût moins éloquente et plus régulière ; qu'elle connût moins le monde et mieux les devoirs de son état ; qu'elle fût moins visitée au dehors et plus accessible au dedans ; qu'elle usât de plus de sévérité à l'égard d'elle-même et de plus d'indulgence à l'égard des autres. Les choses sont au point que personne n'ose l'aborder. Tout tremble devant elle, et tout devroit l'aimer et l'aimoit autrefois. Écrivez-lui donc fortement... »

Ces lettres s'adressaient à l'abbé Gobelin, dont les avertissements réitérés furent inutiles. Madame de Brinon, se croyant inamovible, n'en fit que plus à sa tête. Alors poussée à bout et usant pour la première fois de sévérité, Madame de Maintenon lui retira le gouvernement temporel de la maison. La hautaine religieuse ne se soumit point davantage : elle déclara que les constitutions de la maison la garantissaient contre toute disgrâce arbitraire, refusa d'entendre les remontrances de l'évêque de Chartres, et chercha même à entraîner dans sa révolte les Demoiselles de son entourage. Elle était perdue. Le 4 décembre 1688, Dangeau consigne dans son journal la nouvelle suivante, qui déjà circule à Versailles :

« Madame de Brinon, supérieure de Saint-Cyr, sortit hier de la maison, et s'en est allée à Paris chez madame la duchesse d'Hanovre. On n'en sait point encore la raison, mais on ne doute point que ce ne soit de concert avec Madame de Maintenon ; et c'est apparemment sa mauvaise santé qui l'a obligée de quitter cette maison. »

La mauvaise santé de madame de Brinon pouvait jusqu'à un certain point donner le change sur sa disgrâce. Elle était allée l'année précédente aux eaux de Bourbon, et avait profité de son voyage pour se faire envoyer des députations, adresser des placets, et rendre des honneurs par les corps des villes où elle passa.

Mais la cause réelle de son départ précipité
était qu'elle avait reçu une lettre de cachet
portant ordre de quitter aussitôt Saint-Cyr et de
se retirer dans un couvent. Madame de Brinon
était sortie sans dire un mot à personne, et
s'était rendue à Paris, dans l'hôtel de Guise,
d'où elle envoya sa démission le 11 décembre
suivant [1].

Dangeau, qui savait tout d'ordinaire, ignora
jusqu'au dernier moment les troubles de Saint-
Cyr. Madame de Maintenon avait longtemps
espéré qu'avec beaucoup de patience et d'indulgence, cette fâcheuse affaire s'arrangerait, et
elle n'avait point voulu qu'on l'ébruitât ; deux
personnes seulement, l'abbé Gobelin, son con-

---

[1] Cette démission, conservée aux Archives de la préfecture de
Versailles, est un acte notarié ainsi conçu :
« Par-devant Claude Batelier, avocat au Parlement, notaire
apostolique, et en présence des témoins ci-après nommés fut présente dame Marie de Brinon, supérieure perpétuelle de la Maison
royale de Saint-Louis établie à Saint-Cyr, au diocèse de Chartres,
et *de présent* (actuellement) par l'obédience de monseigneur l'évêque
de Chartres, chez madame la duchesse de Brunswick, dans
l'hôtel de Guise, paroisse de Saint-Jean-en-Grève, laquelle, de
son plein gré et franche volonté, a fait et constitué, fait et cons-
titue par ces présentes son procureur général et spécial M°....
auquel elle a donné pouvoir de la représenter partout où besoin
sera, et spécialement de remettre purement et simplement entre
les mains de mondit seigneur l'évêque de Chartres, sous le bon
plaisir du Roi, la commission ou place de supérieure perpétuelle
de ladite maison et communauté de Saint-Louis.... Consentir
qu'il soit procédé à l'élection d'une supérieure triennale en son
lieu et place, agréée par Sa Majesté.... ou y être autrement
pourvu sous le bon plaisir de Sa Majesté. »

fesseur, et l'évêque de Chartres, directeur
spirituel de Saint-Cyr, en avaient reçu la confidence. Le Roi même n'en avait été instruit
qu'après que tout espoir d'accommodement eut
disparu.

Nous trouvons encore dans le Journal de Dangeau, à la date du 26 mai 1689, cette simple
mention : « Madame de Loubert a été choisie
pour supérieure de Saint-Cyr en la place de
madame de Brinon, qui est présentement à Mau-
buisson pensionnaire. » Cette disgrâce produisit
à Saint-Cyr une émotion assez vive, mais qui
fut bien vite effacée par l'attrait des représentations d'*Esther*.

CHAPITRE III

PRÉPARATION ET RÉPÉTITIONS D'ESTHER

Louis XIV avait de tout temps aimé les jeux de l'esprit, la musique et les spectacles ; il entendait à merveille la déclamation, les effets de parole et de geste, l'art du décor et du costume. Il joua plus d'une fois la comédie dans son palais, à côté de Molière ; et, bien des années après, sur le déclin de sa longue vie, ne pouvant plus supporter le mauvais jeu des acteurs, qui déjà avaient perdu la tradition du maître, il prit le parti d'instruire lui-même les musiciens de sa Chambre, et de leur faire représenter, suivant les vraies règles de l'art, ses comédies favorites [1]. On sait qu'un vers de *Britannicus* lui avait fait de bonne heure renoncer à la scène. Depuis lors, il ne dansa plus sur le théâtre de la Cour ; on ne le vit plus dans le *Ballet royal des Muses*, en habit d'Espagnol et portant une mandoline, ou

[1] Journal de Dangeau.

bien en berger de l'*Astrée*, avec une perruque
blonde et des rubans ; ou encore sous le galant
costume de Cyrus, chaussé de bottines dorées et
coiffé d'un casque héroï-comique à plumes roses et
vertes. Il ne représenta plus le Printemps dans
la pastorale de *Psyché*, vêtu comme un dieu
champêtre, et tenant en main un thyrse enguir-
landé de jonquilles. Mais il n'en conserva pas
moins le goût de ces belles fêtes ; il y assista
encore sans y prendre part ; il les transforma
peu à peu et les rendit plus graves. Les fantaisies mythologiques firent place à la grande
comédie, aux concerts de musique religieuse, aux
tragédies saintes.

Le théâtre de Saint-Cyr marque la date de
cette phase nouvelle : il fait époque dans la vie
du Roi ; il ouvre la série des divertissements sérieux ; il devient le principal plaisir et même un
instant la principale affaire de Louis XIV.

Racine, on le sait, avait l'habitude d'écrire
d'abord en prose le canevas de ses pièces. Il fit
connaître scène par scène à Madame de Maintenon le plan d'*Esther*, et lui porta ensuite le
premier acte tout fait. Elle en fut charmée. « Sa
modestie ne put l'empêcher de trouver dans le
caractère d'Esther et dans quelques circonstances

de ce sujet, des choses flatteuses pour elle. La
Vasthi avoit ses applications, Aman, des traits
de ressemblance [1] ».

Madame de Caylus raconte qu'un jour Louvois, à la suite d'un démêlé qu'il eut avec
Louis XIV, s'emporta jusqu'à dire devant Madame de Maintenon l'équivalent de ce que dit
Aman à Zarès au troisième acte d'*Esther* :

> Il sait qu'il me doit tout, et que, pour sa grandeur,
> J'ai foulé sous les pieds remords, crainte, pudeur ;
> Qu'avec un cœur d'airain exerçant sa puissance,
> J'ai fait taire les lois et gémir l'innocence ;
> Que pour lui, des Persans bravant l'aversion,
> J'ai chéri, j'ai cherché la malédiction,
> Et, pour prix de ma vie à leur haine opposée,
> Le barbare aujourd'hui m'expose à leur risée.

Madame de Maintenon n'aimait point Louvois,
qui exerçait sur Louis XIV une influence toute
contraire à la sienne, et qui le poussait conti-
nuellement au despotisme absolu, à la satisfaction de toutes ses volontés, à la prodigalité et à
la guerre. Elle ne fut pas fâchée sans doute de
reconnaître l'orgueilleux ministre dans le personnage d'Aman. Mais tout en admettant des
allusions que le vulgaire ne saisirait pas, elle
ne voulut point être plus clairement désignée, et
refusa la dédicace de la pièce que lui offrait Racine.

[1] Souvenirs de madame de Caylus.

Louis XIV assistait à ces premières lectures d'*Esther* et donnait des avis dont le poëte profitait. « Le tour que j'ai choisi pour la fin du prologue, écrit Racine à Madame de Maintenon, est conforme aux observations du Roi. » Ce prologue avait été composé tout spécialement pour madame de Caylus, qui, mariée depuis peu, n'avait pas de rôle dans la pièce ; ce n'était, à proprement parler, qu'un compliment, mais un compliment noble et délicat, comme Racine savait les faire. Les premiers vers s'appliquent au fondateur de Saint-Cyr ; c'est la Piété qui parle :

> Grand Dieu, que cet ouvrage ait place en ta mémoire !
> Que tous les soins qu'il prend pour soutenir ta gloire
> Soient gravés de ta main au livre où sont écrits
> Les noms prédestinés des rois que tu chéris !
> Tu m'écoutes. Ma voix ne t'est point étrangère :
> Je suis la Piété...

Les vers qui suivent font allusion au zèle de Louis XIV pour la religion et louent très-clairement la révocation de l'édit de Nantes :

> De ta gloire animé, lui seul de tant de rois
> S'arme pour ta querelle et combat pour tes droits.
> Le perfide intérêt, l'aveugle jalousie
> S'unissent contre toi pour l'affreuse hérésie...
> . . . .
> Lui seul, invariable et fondé sur la foi,
> Ne cherche, ne regarde et n'écoute que toi.

Le poëte célèbre ensuite la gloire militaire du

Roi et les récentes victoires de Monseigneur [1]
à la tête de l'armée du Rhin.

Voici la fin du morceau :

Mais, tandis qu'un grand roi venge ainsi mes injures,
Vous qui goûtez ici dès délices si pures,
S'il permet à son cœur un moment de repos,
A vos jeux innocents appelez ce héros.
Retracez-lui d'Esther l'histoire glorieuse,
Et sur l'impiété la foi victorieuse.
Et vous qui vous plaisez aux folles passions
Qu'allument dans vos cœurs les vaines fictions,
Profanes amateurs de spectacles frivoles,
Dont l'oreille s'ennuie au son de mes paroles,
Fuyez de mes plaisirs la saine austérité :
Tout respire ici Dieu, la paix, la vérité.

En disant que « la fin du prologue est conforme
aux observations du Roi, » Racine ne veut parler, ce nous semble, que des six derniers vers
qu'on vient de lire. Ces vers s'adressent aux
courtisans ; ils leur font connaître l'opinion et le
goût du maître et leur marquent nettement la
conduite qu'ils ont à tenir. Nul ne voudra passer pour « un amateur profane de spectacles frivoles. » Cette considération eût suffi pour faire
applaudir *Esther*, lors même que le mérite de
l'œuvre n'en eût pas assuré le succès. Louis XIV
aimait à donner de ces avertissements indirects,

[1] Fils aîné de Louis XIV, surnommé le Grand Dauphin.

et il a plus d'une fois encouragé de la sorte les hardiesses de Molière.

Racine, logé à Versailles dans l'un des principaux appartements du château, voyait très-librement Madame de Maintenon et le Roi. C'est dans ces entretiens intimes que fut conçu le projet d'*Esther*. Dangeau en fut, comme toujours, immédiatement informé. Nous lisons en effet dans son Journal, à la date du mercredi 18 février 1688 :

« Racine, par l'ordre de Madame de Maintenon, fait un opéra dont le sujet est Esther et Assuérus ; il sera chanté et récité par les petites filles de Saint-Cyr. Tout ne sera pas en musique. C'est un nommé Moreau qui fera les airs. » [1]

Ce Moreau, sur le mérite duquel Dangeau semble mal renseigné, n'était pourtant pas un inconnu. Né en 1656, il avait fait ses premières études musicales à la cathédrale d'Angers comme enfant de chœur ; il fut ensuite maître de cha-

---

[1] M. Paul Mesnard, dans sa savante notice sur la tragédie d'*Esther*, (*Racine, collection des grands écrivains de la France*), donne à ce texte de Dangeau la date du 18 août. C'est une simple erreur de copie ; mais la date réelle est importante à rétablir. On voit combien de temps Racine employa à composer son œuvre, et l'on apprécie mieux, d'autre part, la prompte information de Dangeau.

pelle à Langres, puis à Dijon. Peu satisfait de
ces positions médiocres, il vint à Paris, s'ouvrit
le chemin de la Cour et s'insinua jusqu'auprès
de la Dauphine, Victoire de Bavière. Une chan-
son qu'il chanta à la toilette de cette princesse
décida de sa fortune. Le Roi le prit à son service
comme compositeur, le chargea de ses divertissements et de ses ballets, et le nomma maître
de musique à Saint-Cyr.

Racine faisait grand cas de Jean-Baptiste Moreau, et le considérait comme un collaborateur
important. La musique ne devait pas être, suivant lui, le moindre agrément du spectacle
d'*Esther*. D'ailleurs, on se souvient que Madame
de Maintenon avait demandé simplement à Racine
« une espèce de poème moral où le chant fût mêlé
avec les paroles ». Il fit une tragédie avec chœurs,
à la façon d'Euripide et de Sophocle. C'est-à-
dire que, loin de s'écarter des règles, ainsi qu'on
le lui avait conseillé, il s'y conforma davantage
encore, en suivant de plus près les modèles de
l'antiquité.

« Je m'aperçus, dit-il lui-même, qu'en travail-
lant sur le plan qu'on m'avoit donné, j'exécu-
tois en quelque sorte un dessein qui m'avoit
souvent passé par l'esprit, qui étoit de lier,

4

comme dans les anciennes tragédies grecques,
le chœur et le chant avec l'action, et d'em-
ployer à chanter les louanges du vrai Dieu cette
partie du chœur que les païens employoient à
chanter les louanges de leurs fausses divi-
nités [1]. »

Esther ne fut donc ni un « opéra » comme l'a-
vait supposé d'abord Dangeau, ni un simple ouvrage de poésie « propre à être récité et à être
chanté, » comme il est dit dans le privilége de
l'édition originale. Au reste, on sait bien que
ces dénominations n'avaient pas, au XVIIe siècle,
le sens particulier, spécial, que nous leur attri-
buons aujourd'hui. Comédie, tragédie, se disaient
indistinctement d'une même pièce. Les opéras
d'*Atys*, de *Thésée*, d'*Armide*, d'*Amadis*, sont
intitulés tragédies dans les vieilles éditions de
Quinault.

Un an environ après Dangeau, le 31 décembre 1688, madame de Sévigné écrivait à sa
fille : « On parle d'une tragédie d'*Esther* qui sera
représentée à Saint-Cyr. » — Et le 19 janvier
suivant : « Madame de Maintenon va faire jouer
Esther à ses petites filles. »

[1] Préface d'*Esther*.

Il y avait déjà eu à cette date plusieurs répétitions de la pièce chez Madame de Maintenon ; Dangeau mentionne seulement la seconde :

« *Vendredi 7 janvier 1689, à Versailles*. Le Roi, après son dîner, entendit chez Madame de Maintenon, pour la seconde fois, la répétition de la tragédie d'*Esther* avec la symphonie ; Monseigneur et Monsieur le Prince y étoient. »

Esther était déjà célèbre. L'impatience de voir ce chef-d'œuvre devint bientôt, de la part des courtisans, la flatterie à la mode. On ne parla plus d'autre chose ; on se tint au courant des nouvelles, comme pendant une campagne du Roi.

PLAN DU THÉATRE DE SAINT-CYR
Dressé par Mr MOLLE
Conservateur des Collections scientifiques
à l'Ecole speciale Militaire

Dortoir des Vertes

Grand corridor du 2ᵉ Etage
commençant a l'escalier des Dames et finissant
a l'escalier des Demoiselles

Dortoir des Blanches

Corridor du Dortoir des Blanches

Escalier des Demoiselles

Salon du 2ᵉ Etage

Corridor du Dortoir des Rouges

Dortoir des Rouges

CHAPITRE IV

LE THÉATRE

Madame de Maintenon fit dresser un joli théâtre dans le vestibule des dortoirs, au deuxième étage du grand escalier des Demoiselles. L'un de ces dortoirs, celui de la classe jaune, servait de foyer aux actrices. « Il y avoit du feu et toutes les choses nécessaires. » La maîtresse générale des classes et les autres maîtresses veillaient à ce qu'il ne se passât rien qui ne fût dans l'ordre, et Racine, souvent aidé de Boileau, son ami, était là pour diriger les actrices et les faire aller et venir sur le théâtre quand il fallait. « Sa conduite étoit si sage, disent les Dames, qu'en un besoin il auroit bien valu une maîtresse. »

Afin de mettre quelque variété dans les décors, on avait prié Racine de ne pas observer avec trop de rigueur l'unité de lieu [1]. L'action se

---

[1] Voir la préface d'*Esther*.

passe tout entière dans le palais d'Assuérus, à
Suze, mais le théâtre représente successivement : au 1er acte, l'appartement d'Esther ; au
2e acte, la chambre où est le trône d'Assuérus,
au 3e acte, les jardins d'Esther et l'un des côtés
du salon où se fait le festin [1].

. Tous ces décors furent peints par Bérain [2], dé-
corateur des spectacles de la cour. Ce fut lui
également qui dessina les costumes. « Il ne se
fait rien de beau en France touchant les habits,
dit le *Mercure galant* [3], qui ne soit de M. Bérain. » Madame de Maintenon fit faire pour les
actrices de magnifiques habits à la persane, cou-
verts de pierreries. Le Roi avait voulu qu'on y
employât les perles et les diamants qu'il avait
autrefois portés dans ses ballets. La dépense
s'éleva à plus de 14.000 livres. Ce riche matériel, réparé à grands frais vers le milieu du XVIIIe
siècle, existait encore à l'époque de la Révo-

---

[1] De Léris, dans son *Dictionnaire des Théâtres*, se trompe en
disant que la tragédie d'*Esther* fut d'abord divisée en 5 actes.
Les premières éditions et le manuscrit même de la musique de
Moreau n'ont que 3 actes.

[2] M. Lavallée dit à tort *Borin*. — Jean Bérain, né en 1620, à
Saint-Mihiel (Lorraine) mourut en 1697. C'était un artiste habile, fort estimé en son temps, et plus encore aujourd'hui peut-
être. Louis XIV lui avait accordé un logement dans les galeries
du Louvre.

[3] Novembre 1680.

lution, comme le prouve un inventaire du théâtre
dressé en 1790, et que nous publierons en entier [1].

Nous y retrouvons des colliers, des parures,
plus de douze cents « pierres brillantes » de toutes
couleurs ; le trône d'Assuérus, le décor du jardin d'Esther, vingt coulisses « avec les toiles
plafonnées, » c'est-à-dire des bandes de toile
peintes, allant transversalement d'une coulisse à
l'autre au-dessus de la scène, et simulant tantôt
un plafond, tantôt un ciel, et trois rideaux,
outre celui de l'avant-scène. Ces rideaux tenaient
lieu de toile de fond dans certains décors. Il y
en avait un sans doute pour l'appartement d'Esther, un pour la chambre d'Assuérus et un pour
le vestibule du temple aux représentations d'*Athalie* ; car *Athalie*, comme nous le verrons plus
loin, avait aussi ses décors et ses costumes.

Nous remarquerons encore, parmi les menus
objets que mentionne l'inventaire du théâtre, les
« trente-cinq biscuits de fer-blanc » qui servaient
à parer la table du festin d'Esther, et les « plaques,
sabres, piques, de bois et fer-blanc, » dont on ar-
mait les gardes d'Assuérus. Il paraît que les demoiselles de Saint-Cyr faisaient grand usage de cet

---

[1] Voir à l'Appendice.

équipement guerrier, car l'auteur de l'inventaire,
voulant arrêter l'abus et la dépense, a soin
d'avertir que ces objets ne sont remplacés « qu'à
l'extrémité. »

Nous trouvons dans les *Mémoires* des dames
de Saint-Louis une description générale du
théâtre qui complète les détails donnés plus
haut. Le vestibule des dortoirs avait été partagé
en deux parties, l'une pour la scène, l'autre pour
les spectateurs. On construisit le long des murs
quatre rangs de gradins en amphithéâtre pour
y placer les Demoiselles ; les rouges, c'est-à-dire
les plus jeunes, étaient sur les bancs d'en haut ;
les vertes au-dessous d'elles ; les jaunes au-dessous des vertes et les bleues en bas. Les rubans
de soie aux couleurs des classes avaient été dis-
tribués avec profusion sous forme de ceintures,
de colliers, de nœuds de coiffe et d'épaule ; cela
faisait une diversité fort gaie et fort harmonieuse.

Un amphithéâtre plus petit fut disposé dans
la partie inférieure de la salle, tout près de la
scène, pour la Communauté, et l'on ménagea
entre les deux amphithéâtres un espace assez
large et garni de siéges pour le Roi et les personnes du dehors.

Nivers, organiste de la maison, accompagnait

au clavecin, et les musiciens de la chambre du Roi composaient l'orchestre. Des lustres de cristal éclairaient cette belle assemblée. Enfin, « depuis le vestibule d'en haut jusqu'à la porte de clôture, c'est-à-dire l'escalier des Demoiselles, le grand corridor, l'escalier des Dames, tout étoit éclairé aux bougies. »

CHAPITRE V

LES ACTRICES

Ce fut le 26 janvier 1689, vers quatre heures
de l'après-midi, que se fit cette mémorable représentation d'*Esther*. « Madame de Maintenon,
nous dit Dangeau, avoit disposé de toutes les
places, et il n'y eut aucun embarras. Toutes
les petites filles jouèrent et chantèrent très-bien,
et madame de Caylus fit le prologue mieux que
n'auroit pu le faire la Champmeslé. Le Roi, les
dames, et les courtisans qui eurent la permission
d'y aller, en revinrent charmés. » Nous avons la
liste à peu près complète de ces premiers audi-
teurs d'*Esther*. Dangeau en cite un certain
nombre : MM. de Beauvilliers, de la Rochefou-
cault, de Noailles, de Brionne, de la Salle et de
Tilladet, venus dans le second carrosse du Roi :
MM. de Louvois, de Chevreuse, Forbin de Jean-
son, évêque de Beauvais ; Bossuet, évêque de
Meaux ; Félix de Tassy, frère du premier mé-

decin du Roi, évêque de Châlons-sur-Saône ;
MM. de Montchevreuil et d'Aubigné, et enfin le
marquis de Dangeau, notre précieux narrateur,
qui se nomme le dernier.

Tous ces choix étaient excellents : M. de Beauvilliers, gouverneur du duc de Bourgogne, était
la vertu même ; le maréchal de Noailles, jeune
encore et déjà illustre, était l'ami éprouvé de
Madame de Maintenon ; dix ans plus tard, son fils,
Adrien-Maurice de Noailles, épousera mademoiselle d'Aubigné ; enfin la présence de trois prélats,
au nombre desquels était Bossuet, si connu par
son opposition à la comédie, faisait disparaître
les derniers scrupules qu'on pût avoir relative-
ment au caractère profane et mondain de la fête.

Je ne sais s'il n'y eut pas quelque malice de
la part de Madame de Maintenon à inviter Louvois ; peut-être de son côté Louis XIV fut-il bien
aise d'infliger à son ministre un châtiment d'autant plus sensible qu'il était détourné, dissimulé
même sous une apparente faveur, et par conséquent sans réplique. C'était pour Louvois le pré-
lude certain d'une disgrâce que sa mort seule
put prévenir.

Madame de Sévigné, dans une lettre du 28 janvier 1689, complète les détails donnés par Dan-

geau, et cite un nom qu'il a omis. Suivant elle,
Monsieur le Prince, Henri-Jules de Bourbon, fils
du grand Condé, assista à cette première représentation d'*Esther* et pleura aux vers de Racine, comme son père avait pleuré à ceux de
Corneille. « Racine, dit madame de Sévigné, n'a
rien fait de plus touchant ; il y a une prière d'Esther pour Assuérus qui enlève. J'étois en peine
qu'une petite demoiselle représentât le roi : on
dit que cela est fort bien..... Madame de Caylus
fait mieux que la Champmeslé. »

C'est l'observation même de Dangeau qui va
de bouche en bouche. « Toutes les Champmeslé
du monde, dit l'abbé de Choisy, n'avoient point
ces tons ravissants qu'elle laissoit échapper en
déclamant. » Les dames de Saint-Louis, dans
leurs *Mémoires*, disent qu'elle charmait par sa
vive intelligence et le son enchanteur de sa voix.
On reconnaissait à madame de Caylus non-seule-
ment le talent d'une véritable actrice, mais encore l'aisance, la distinction, la simplicité et
toutes les grâces naturelles qui manquent nécessairement aux actrices de profession. Elle-même
raconte, dans ses *Souvenirs,* comment se fit son
éducation dramatique. « Me trouvant présente,
dit-elle, aux récits que M. Racine venoit faire à

Madame de Maintenon de chaque scène, à mesure
qu'il les composoit, j'en retenois des vers; et,
comme j'en récitai un jour à M. Racine, il en fut
si content, qu'il demanda en grâce à Madame de
Maintenon de m'ordonner de faire un personnage.»

C'est à cette occasion que Racine, ainsi que
nous l'avons vu, composa le prologue d'*Esther*.
Dès lors, madame de Caylus devint l'élève favorite du poëte. Il lui enseigna cette déclamation
harmonieuse et noble dont il avait le secret, et
qui s'appliquait si bien à sa poésie et à son style.
Dès les premières années du XVIII° siècle, la
mode vint de réciter les vers comme la prose,
sans en marquer la cadence, et madame de Caylus, ainsi que le fait observer Voltaire, peut être
considérée comme la dernière personne, la dernière « actrice » qui ait conservé au théâtre la
déclamation de Racine.

Il n'est pas hors de propos d'entrer ici dans
quelques détails biographiques sur cette femme
aimable, qui a tant contribué à la réputation
du théâtre de Saint-Cyr. Elle s'appelait, avant
son mariage, mademoiselle de Murçay. Elle était
fille du marquis de Villette et cousine de Madame de Maintenon, qui, l'ayant recueillie toute
enfant et l'ayant fait élever près d'elle à Rueil,

à Noisy et à Saint-Cyr, l'appelait par amitié sa
nièce. Elle avait épousé, en 1686, le comte de
Caylus. Dangeau nous apprend que le Roi signa
au contrat, offrit à la jeune comtesse un fil de
perles de 10,000 écus, et nomma son mari menin
de Monseigneur le Dauphin [1]. Ce mariage ne fut
pas heureux.

Madame de Caylus vécut longtemps seule à la
Cour dans la grande intimité du Roi et de Madame de Maintenon ; elle était de tous les voyages,
de toutes les promenades, de toutes les chasses,
de toutes les fêtes. Dangeau nous la montre tour
à tour aux bals de Versailles, aux loteries de
Trianon, aux dîners de Marly, à Rambouillet,
où ne vont guère que les princesses, aux excur-
sions en calèche dans le parc de Fontainebleau,
à Saint-Cyr enfin, où sa vocation d'actrice et la
préférence du Roi la ramènent souvent.

Vers 1694, madame de Caylus quitta brusque-
ment la Cour, et n'y reparut que treize ans après,
sans que personne se fût expliqué sa disgrâce.
Toutefois, Saint-Simon, que rien n'embarrasse
nous fournit une explication assez vraisemblable.

[1] *Journal de Dangeau*, I, 307, 309, 312. — *Menin*, vient de
l'espagnol *meninos*, mignons, favoris. Les *Menins* étaient de
jeunes gentilshommes, souvent même des enfants, que l'on attachait à la personne du Dauphin.

« Elle avoit, dit-il, mis son exil à profit ; elle étoit retournée à Dieu de bonne foi ; elle s'étoit mise entre les mains du Père de la Tour, qui fut ensuite, s'il ne l'étoit déjà, général des Pères de l'Oratoire. Ce Père de la Tour étoit un grand homme, bien fait, d'un visage agréable mais imposant, fort connu par son esprit liant mais ferme, adroit mais fort, par ses sermons, par ses directions ; il passoit, ainsi que la plupart de ceux de sa congrégation, pour être janséniste, c'est-à-dire régulier, exact, étroit dans sa conduite, studieux, pénitent, etc., etc. »

Saint-Simon ajoute que, depuis que le Père de la Tour conduisait madame de Caylus, le jeûne était devenu son exercice ordinaire ; qu'elle ne cessait point de prier ; que, depuis l'office du jeudi saint jusqu'à la fin de celui du samedi, elle ne sortait point de l'église ; qu'enfin elle ne s'ennuya pas un instant d'une vie si dure, si unie, qui n'était qu'un enchaînement sans intervalle de prière et de pénitence.

« Un *si heureux état*, continue-t-il, fut troublé par l'ignorance et la folie du zèle de sa tante, *pour se taire sur plus haut*. Elle lui manda que le Roi ni elle ne pouvoient s'accommoder plus longtemps de la direction du Père de la Tour ; que c'étoit un janséniste qui la perdoit, qu'il y avoit à Paris d'autres personnes doctes et pieuses, dont les sentiments n'étoient point suspects ; qu'on lui laissoit le choix de tous ceux-là ; que c'étoit pour son bien et pour son salut que cette complaisance étoit exigée d'elle ; qu'enfin si elle se conformoit de bonne grâce à cette volonté, sa pension de six mille livres seroit augmentée jusqu'à dix. »

Bref, à en croire Saint-Simon, dont le récit est d'ailleurs très-adroitement combiné, madame de Caylus finit par se résoudre ; la crainte d'être tourmentée « prit sur elle plus que les promesses » ; elle accepta le confesseur qu'on voulut, revint à la Cour, mais renonça tout aussitôt à la dévotion, aux austérités, à la solitude ; en un mot, elle ne fut plus janséniste. De tout cela, je suis fort tenté de conclure que Saint-Simon, attaché comme il l'était aux doctrines de Port-Royal, a arrangé un peu cette histoire selon les besoins de sa cause. Est-ce bien, comme il l'affirme, pour faire pénitence de sa vie mondaine que madame de Caylus a pris un directeur janséniste ? Elle a donc quitté d'elle-même la Cour ? Elle n'a donc été ni disgraciée ni exilée ? Car le motif allégué par Saint-Simon d'une intrigue avec le vieux Villeroy est peu admissible. Il est probable, au contraire,

5

que ce sont les accointances jansénistes de madame de Caylus qui l'ont fait chasser de la Cour.
Le choix de son directeur a sans doute précédé
et déterminé sa disgràce. Ajoutons, pour en finir
avec madame de Caylus, que son repentir fut sin-
cère, qu'elle retrouva sa première situation, son
crédit, son influence, et mena jusqu'à la fin du
règne de Louis XIV l'existence la plus brillante
et la plus heureuse.

Les autres actrices d'*Esther* sont moins con-
nues, et nous ne pouvons guère citer que les
noms de la plupart d'entre elles.

Mademoiselle de Lastic (Assuérus) « étoit belle
comme le jour,» a dit madame de Maintenon dans
une lettre. Elle s'est faite plus tard carmélite [1].

Mademoiselle du Pont de Veilhan, qui créa le
rôle d'Esther, « avoit bien de l'esprit et une
figure convenable à son personnage. » C'est tout
ce que nous apprennent sur elle les Mémoires
de Saint-Cyr. Elle s'est faite également carmélite [2].

---

[1] De la Boucherie de Lastic : *Ecartelé au 1 et 4 d'azur au
cerf passant d'or accollé d'hermine* (qui est de la Boucherie);
au 2 et 3 *de gueules à fasce d'argent, à la bordure d'or, chargée
de 8 fleurs de lys d'azur* (qui est de Lastic). Les preuves de
noblesse ne remontent pas au-delà du XVe siècle. (La Chesnaye
des Bois, *Dictionnaire de la noblesse.*)

[2] Veilhan : *D'azur au ray d'escarboucle fleurdelisé d'or.* (Bibliothèque de M. le marquis du Prat.)

On donna le rôle d'Aman à mademoiselle
d'Abancourt, qui était un peu plus âgée que
ses compagnes; jolie d'ailleurs, intelligente et
bonne comédienne. Elle entra comme novice, en
quittant Saint-Cyr, dans un couvent de visitandines [1].

Mademoiselle de Marcilly, qui jouait le rôle de
Zarès, fut particulièrement remarquée et applaudie. Elle était faite pour le monde.

On raconte que, lorsqu'elle fut en âge d'être
mariée, un des fils du marquis de Villette, un
frère par conséquent de madame de Caylus,
M. de Murçay, qui sans doute avait eu l'occasion
de l'admirer à l'une des représentations d'*Esther*,
voulut l'épouser. Le marquis de Villette, consulté,
désira d'abord connaître la jeune personne, et en
fut ravi, paraît-il, au point de la demander pour
lui-même en mariage. Il était veuf depuis longtemps. Hâtons-nous d'ajouter que M. de Murçay
entendit facilement raison, accepta de bonne
grâce un parti fort avantageux qu'on lui offrit en
échange, et se maria même avant son père. De

---

[1] Fille de François d'Abancourt, seigneur de Puiseaux et de
Courcelles, chevalier de l'ordre de Saint-Jean de Jérusalem.
Son grand-père maternel, Etienne de Gouaix, avait été capitaine au régiment de Champagne. — Les armes : *D'argent à
une aigle de gueules becquée et membrée d'or les ailes étendues.*

son côté, mademoiselle de Marcilly, sensible au
mérite et à l'aimable caractère du vieux gentilhomme, lui avait donné la préférence. Elle
était sans bien, mais très-spirituelle, et, suivant plusieurs témoignages, extrêmement jolie [1]. Plus tard, devenue veuve, la marquise de
Villette épousa lord Bolinbroke. Elle est morte en
Angleterre, le 18 mars 1750. Elle fut une de ces
femmes charmantes à qui le XVIIIe siècle doit
d'être appelé par excellence le siècle de la conversation et de l'esprit [2].

Mademoiselle de Mornay d'Ambleville remplis-
sait le rôle peu important d'Hydaspe. C'était, si
l'on en croit les Mémoires des Dames, « une
personne pleine d'agrément.» Elle avait avec elle,
à Saint-Cyr, sa sœur jumelle et sa cousine, mademoiselle de Mornay de Toligny. Le nom de Mornay a été porté par plusieurs dames de Saint-
Louis. Mademoiselle de Mornay, l'actrice, s'est
faite visitandine [3].

---

[1] Dangeau, 6 avril 1695. — Honoré Bonhomme, *Madame de
Maintenon et sa famille*, p. 101.

[2] Marie-Claire Deschamps de Marcilly, née le 9 septembre
1675, avait été reçue à Saint-Cyr en octobre 1686. — Les armes : *D'or à 3 chevrons de sable, accompagnés de 3 annelets de
gueules.* (*Dictionnaire de la noblesse*).

[3] Les armes : *Fascelées d'argent et de gueules de huit pièces,
au lion morné de sable, couronné d'or brochant sur le tout.* (*Dictionnaire de la noblesse*).

Le rôle de Mardochée fut donné à mademoiselle de Glapion, « grande et belle personne, »
qui devint plus tard dame de Saint-Louis, et
« l'amie de confiance intime de madame de
Maintenon. » — « J'ai trouvé, disait Racine, un
Mardochée dont la voix va jusqu'au cœur. »

Il arriva à mademoiselle de Glapion une aven
ture romanesque qui ne compromit point son innocence, mais qui n'en laissa pas moins dans ses
souvenirs, sinon dans son cœur, une trace profonde. Nous ne changerons rien au récit naïf et
plein d'émotion qu'en ont fait les dames de Saint-
Louis :

« C'étoit dans le temps où l'on joua les tragédies. Une des Demoiselles, qui étoit de la classe
bleue et qui faisoit le personnage de Mardochée,
fut remarquée par un page de Mademoiselle [1],
d'une bonne famille de Lorraine. Comme elle
occupoit à l'église l'extrémité du banc des
bleues, proche la grille [2], il s'avisa de tirer le
rideau et de fixer les yeux sur elle, lui montrant
une lettre. La Demoiselle, au bruit, regarda ainsi
que les autres, ce qui causa un assez grand

[1] Mlle de Montpensier.
[2] Cette grille, couverte d'un rideau, séparait le chœur où
étaient la Communauté et les Demoiselles, de la nef où était le
public.

trouble, jusqu'à ce qu'une des maîtresses allât
remettre le rideau. Le jeune homme s'échappa.
Une autre fois il recommença, et avec une
audace sans pareille il jeta sa lettre presque sur
la Demoiselle, qui fut, comme l'on pense, pleine
de confusion. On la ramassa et on la donna à
Madame, qui fut très-fâchée et en fit de telles
plaintes à Mademoiselle, car le page avoit osé
dire ce qu'il étoit, que celui-ci fut châtié.

» Mais cela ne le corrigea pas, et, poussant
jusqu'au bout son diabolique dessein, il suborna
l'un de nos brodeurs, qui glissa une autre lettre
dans l'habit de la Demoiselle. Elle, quand elle la
vit, pensa mourir de honte et donna la lettre à la
maîtresse des bleues, qui la donna à Madame ;
celle-ci porta encore ses plaintes à Mademoiselle,
qui fit fouetter le jeune homme et menaça de le
chasser. Il en devint comme fou, et portant sa
colère sur le brodeur, qu'il crut l'avoir trahi. il
se fit accompagner de trois commis de M. de
Seignelay, de ses amis, aussi abandonnnés de
Dieu, et ils s'en vinrent dans la cour du dehors
où ils battirent le brodeur. Les compagnons du
brodeur le défendirent, et le maître ayant tiré
son épée, fut percé de plusieurs coups par ces
forcenés.

» La Ferté [1] vint à son aide, parvint à saisir deux des assaillants, mais non le page, qui s'enfuit à Paris; puis il courut à Versailles avertir M. Manseau [2] de cette aventure. Celui-ci s'en alla à Marly où étoit la Cour, et fut rencontré par le Roi qui voulut savoir pourquoi il venoit. Il raconta le fait, et le Roi ordonna qu'on conduisît les coupables dans les prisons de Versailles; ils furent condamnés à perdre leurs emplois et abandonnés à la justice. Quant à l'auteur de tout le mal, on se mit à sa poursuite; mais ayant pris à Paris des chevaux et une bonne somme d'argent, il ne s'arrêta point qu'il n'eût passé la frontière. Il se mit au service d'un prince allemand, changea deux fois de religion et eut beaucoup d'aventures. On le revit longtemps après et bien changé. Il étoit de la compagnie du prince Ragotzi, et vint avec lui visiter notre maison. Madame nous le fit remarquer en nous disant qu'il avoit le dessein d'entrer à la Trappe.

» Quant à la Demoiselle, elle devint, par son mérite et les emplois qu'elle a si dignement rem-

---

[1] Gentilhomme des dames de Saint-Louis, chargé de la garde de la maison.

[2] Intendant de Madame de Maintenon.

plis, l'honneur de la maison de Saint-Louis [1]. »

Marie-Madeleine de Glapion des Routis était d'une très-ancienne famille de Normandie, tombée dans la plus grande détresse, et dont presque tous les membres occupaient des emplois subalternes dans l'armée. Elle était née le 24 octobre 1674, et avait été admise à Noisy en 1684. Elle fit profession le 23 novembre 1695, fut élue trois fois Supérieure, et mourut le 29 septembre 1729, âgée de cinquante-cinq ans.

Son nom est un des noms célèbres de Saint-Cyr. Elle était pleine d'esprit, de bonté et de vertu ; musicienne et artiste jusqu'à la passion ; propre à tout, à l'enseignement, à l'administration, au soin des malades. La vie de cette sainte religieuse ne fut qu'un long combat intérieur. Elle lutta contre elle-même, contre les inquiétudes de sa raison, contre son naturel trop tendre et trop mélancolique, contre son trouble et peut-être ses regrets au souvenir des beaux jours d'*Esther*.

Madame de Maintenon la réprimandait et la consolait dans de longs entretiens, dans des lettres pleines des plus sages conseils :

---

[1] *Mémoires des Dames.*

« Souvenez-vous, ma chère fille, lui écrivait-
elle, que vous êtes chrétienne et religieuse ;
votre vie doit être cachée, mortifiée, privée de
plaisirs, chaste en tout, et vous contentant du
parti que vous avez choisi. Vous ne vous en re-
pentez pas : prenez-le donc avec ses austérités et
ses sûretés. »

Et une autre fois :

« Vous ne serez jamais contente, ma chère
fille, que lorsque vous aimerez Dieu de tout votre
cœur... Ne voyez-vous pas que je meurs de tris-
tesse dans une fortune qu'on auroit peine à ima-
giner, et qu'il n'y a que le secours de Dieu qui
m'empêche d'y succomber ? J'ai été jeune et
jolie, j'ai goûté des plaisirs, j'ai été aimée partout ; dans un âge un peu plus avancé, j'ai passé
des années dans le commerce de l'esprit ; je suis
venue à la faveur, et je vous proteste, ma très-
chère fille, que tous les états laissent un vide
affreux, une inquiétude, une lassitude, une envie
de connoître autre chose, parce qu'en tout cela
rien ne satisfait entièrement. On n'est en repos
que lorsqu'on s'est donné à Dieu. »

Madame de Glapion écoutait avec reconnais-
sance et respect les exhortations de son amie, et
se laissait humblement diriger par elle. Au reste,

Madame de Maintenon dissimulait mal sous ses
reproches l'admiration que lui inspirait cette
vertu si tourmentée et si militante.

« Après la mort du Roi, et lorsque Madame de
Maintenon se fut retirée à Saint-Cyr, madame de
Glapion devint, avec mademoiselle d'Aumale, sa
grande consolation et sa continuelle distraction...
Souvent toutes deux étaient à la fois malades, et,
de leur lit de douleur, à un étage de distance,
elle s'écrivaient les lettres les plus tendres, des
billets touchants, même des vers ou des badi-
nages. Tout manque en moi, disait Madame de
Maintenon à madame de Glapion quand elle n'a-
vait plus qu'un souffle de vie, tout manque en
moi, hors ma sensibilité pour vous et pour
Saint-Cyr. Enfin, quand la veuve de Louis XIV
se vit au terme de sa longue carrière, elle s'es-
tima heureuse de mourir dans les bras de sa
chère Glapion, *la seule*. disait-elle. *la seule de
mes affections qui ne m'ait pas déçue* [1]. »

Il ne nous reste plus que quelques noms à citer
pour épuiser la liste des actrices d'*Esther*.

Mademoiselle le Maistre de la Maisonfort

---

[1] Th. Lavallée, *Histoire de la Maison royale de Saint-Cyr*.
page 287. — Les armes de la famille de Glapion sont : *D'azur
à trois soucis d'or posés 2 et 1*.

avait le rôle d'Élise. Elle était de la famille de
Le Maistre de Sacy, et alliée par sa mère aux
Arnauld de Port-Royal. Sa sœur aînée, madame
de la Maisonfort, d'abord chanoinesse de Pous-
sey, puis dame de Saint-Louis, fut très-mêlée aux
querelles du quiétisme, prit parti pour madame
Guyon, prêcha sa doctrine, et se compromit jusqu'à se faire exiler. M. Lavallée, tout en signalant le goût de madame de la Maisonfort pour
les écrivains de Port-Royal, ne semble pas avoir
remarqué cette parenté janséniste [1].

Il y a là pourtant une circonstance dont il faut
tenir compte. Sans doute le quiétisme n'a théo-
riquement rien de commun avec les opinions de
Port-Royal ; mais, dans cette manie de la polé-
mique et de la prédication, dans ce penchant à
la singularité et à l'hérésie, nous croyons reconnaître chez madame de la Maisonfort un défaut
de la race et comme une sorte de maladie héré-
ditaire. Au surplus, ceci n'est qu'une digression :
à l'époque d'*Esther*, madame de la Maisonfort
jouissait d'une renommée parfaite. Quant à sa
jeune sœur, l'actrice, que le Roi appelait en badi-

[1] M. Lavallée a été trompé sans doute par l'orthographe fau-
tive des manuscrits de Saint-Cyr. Il s'y conforme en écrivant
Lemaître de la Maisonfort au lieu de *le Maistre* de la Maisonfort, qui est l'orthographe exacte.

nant « la petite chanoinesse », on raconte à son sujet une piquante anecdote qui trouve naturellement sa place dans ce récit.

Un jour (les dames de Saint-Louis ne nous disent pas si ce fut à la première représentation d'*Esther*), un jour, mademoiselle de la Maisonfort hésita un peu en jouant son rôle. « Racine, qui étoit derrière le théâtre, fort attentif au succès de la pièce, s'en aperçut et en fut ému. Aussi, quand mademoiselle de la Maisonfort, sa tirade achevée, rentra dans la coulisse, il lui dit d'un air fâché : *Ah! mademoiselle, qu'avez-vous fait? Voilà une pièce perdue!* — Elle, sur ce mot de pièce perdue, croyant qu'elle l'étoit en effet par sa faute, se prit à pleurer. Racine, peiné de l'avoir contristée et craignant, comme elle devoit retourner sur le théâtre, qu'il ne parût qu'elle avoit pleuré, se mit à la consoler de son mieux. Il tira son mouchoir de sa poche et essuya lui-même les larmes de la jeune fille, comme on fait aux enfants pour les apaiser, lui disant des paroles douces, afin de lui donner courage, et que cela ne l'empêchât pas de bien achever ce qu'elle avoit encore à faire. Malgré cette précaution, le Roi s'aperçut que mademoiselle de la Maisonfort avoit les yeux un peu rouges, et dit : « La petite chanoinesse a pleuré ».

» Quant on sut, ajoutent les Dames, ce que c'étoit, et la simplicité de M. Racine, on en rit, et lui-même aussi, qui, n'ayant en tête que la pièce, avoit fait cette action sans penser le moins du monde à ce qu'elle avoit de peu convenable. »

Les chœurs d'*Esther* étaient conduits par quatre Demoiselles dont les manuscrits de Saint-Cyr nous ont conservé les noms, mais défigurés, comme toujours, par une mauvaise orthographe. Aussi avons-nous eu quelque peine à retrouver leur trace dans l'*Armorial de France* et dans le *Dictionnaire de la noblesse*. C'étaient :

Mademoiselle de Bourdonné de Champigny, que les Mémoires de Saint-Cyr, et par suite M. Lavallée, appellent *Bourdoué* de Champigny. Elle était née le 23 février 1673, et avait été reçue à Saint-Cyr le 30 mars 1685. Elle fit profession le 9 octobre 1694, et resta dans la maison comme dame de Saint-Louis [1] ;

Mademoiselle Lefranc de Beaulieu, née le 14 avril 1675, reçue à Saint-Cyr en décembre 1687. Elle devint aussi dame de Saint-Louis [2] ;

---

[1] Les armes : *D'azur à trois chevrons d'or, accompagnés, en chef, de trois colombes d'argent rangées, et, en pointe, d'une étoile de même.*

[2] Les armes : *D'argent à trois cœurs de gueules, 2 et 1.*

Mademoiselle Le Métayer de la Haye-le-Comte, reçue à Saint-Cyr en 1686 ; elle devint, comme les précédentes, dame de Saint-Louis [1] ;

Mademoiselle Hurault de Saint-Denis, née le 4 avril 1675, à Marigné-sur-Niort en Poitou, reçue à Saint-Cyr, au mois d'août 1686. Elle épousa le 4 octobre 1700, Alexandre de Saint-Quintin, comte de Blet. Son fils, le marquis de Blet, devint brigadier des armées du Roi en 1743. — Elle mourut en 1729 [2].

La plupart des actrices d'*Esther* n'étaient âgées que de quinze ans. Racine les avait choisies à cet âge, « où les jeunes filles ont encore toutes les grâces de l'enfance, sans les séductions de la jeunesse. » Dans la préface de sa pièce, Racine qui a des éloges pour tout le monde, pour le Roi, pour Madame de Maintenon, pour la maison de Saint-Cyr, et même pour son collaborateur Moreau, n'a garde d'oublier les actrices, bien que ce ne fût pas encore l'usage, au XVII° siècle, de louer de cette façon les comédiennes. Il est vrai que les interprètes d'*Esther* n'étaient pas des comédiennes ordinaires, et qu'un auteur

---

[1] Les armes : *D'azur, à trois aigles d'argent rangées en fasce, becquées et armées de sable.*

[2] Les armes : *D'or, à la croix d'azur, cantonnée de quatre ombres de soleil de gueules.*

pouvait, sans se compromettre, rendre hommage
à leur talent. Le Roi fut ravi de leur intelligence,
de leur jeu facile, ingénu, correct, de leurs charmantes voix, de leur innocente assurance, et il
en témoigna très-vivement sa satisfaction aux
dames de Saint-Louis.

Revenu à Versailles, il ne fit plus que parler
d'*Esther*. Tout le monde en parla avec lui ; tout
le monde voulut voir cette merveille.

CHAPITRE VI

LE SUCCÈS D'ESTHER

Trois jours après la première représentation, le 29 janvier 1689, le Roi en fit donner une seconde, à laquelle il conduisit le duc d'Orléans, quelques princes de la Maison royale, Madame la Dauphine, madame de Miramion, « cette mère de l'Église [1] » et huit jésuites, au nombre desquels était le Père Gaillard. « Aujourd'hui, écrivait Madame de Maintenon, nous jouons pour les saints. »

Madame de Caylus, qui faisait Esther à la place de mademoiselle de Veilhan, transforma le rôle et changea le succès du premier jour en triomphe. Les princes furent enchantés de ce spectacle et en firent partout les plus beaux éloges. « Il y eut alors, disent les dames de Saint-Louis, une telle émulation de curiosité, et même une telle jalousie entre les grands, que le

[1] Madame de Miramion était la femme la plus célèbre de son temps par sa vertu, sa piété et ses fondations charitables.

Roi trouva bon, pour les contenter tous, de les y mener tour à tour. »

Les représentations continuèrent sans relâche ; on laissa de côté pour un temps les travaux des classes, et, jusqu'au carême de cette année 1689, Saint-Cyr fut tout à son théâtre.

La même agitation régnait à la Cour. Les personnages les plus graves de l'État et les plus occupés voulurent prendre leur part des vacances du couvent. Il fallait, toute chose cessante, aller voir *Esther*. « On y porta, dit madame de la Fayette, un degré de chaleur qui ne se comprend pas ; car il n'y eut ni petit ni grand qui n'y voulût aller ; les ministres, pour se rendre à cette comédie, quittoient les affaires les plus pressées. »

Les Mémoires de Saint-Cyr nous apprennent que Madame de Maintenon dressait elle-même la liste des invités. « On donnoit cette liste à la portière, alors madame de Gauthier, afin qu'elle n'en laissât pas passer d'autres ; et, quand le Roi étoit arrivé, il se mettoit à la porte en dedans, et, tenant sa canne haute, pour servir de barrière, il demeuroit ainsi jusqu'à ce que toutes les personnes conviées fussent entrées ; puis il faisoit fermer la porte. »

« Il en a toujours usé de même, ajoutent les
dames de Saint-Louis, chaque fois qu'il nous faisoit l'honneur de venir ici ; et, dans ces occa-
sions-là, il ne faisoit guère entrer de monde à sa
suite, ayant une grande attention à nous garantir
du désordre que cause la multitude ; il vouloit
que les gens de sa maison se tinssent dans les
vestibules ou autres lieux publics, proche celui
où il étoit, sans oser dire un mot à personne. »

Cependant, la renommée d'*Esther* se répandit
rapidement au dehors. A Paris, comme à Versailles, il n'était bruit que des fêtes de Saint-
Cyr. « Je vous avertis, écrit madame de Coulanges à madame de Grignan, que, si vous vou-
lez faire votre cour, vous demandiez à voir
Esther... Toutes les personnes de mérite en
sont charmées ; vous en seriez charmée plus
qu'une autre [1]. »

« C'est un chef-d'œuvre de Racine, dit à son
tour madame de Sévigné : si j'étois dévote, j'as-
pirerois à le voir [2]. »

Il est évident que madame de Sévigné a grande
envie d'aller à Saint-Cyr ; elle-même nous l'a-

---

[1] *Lettres de madame de Sévigné.* (Hachette, Collection des
grands écrivains de la France, T. VIII, 442). Lettre du 28 janvier.
[2] Lettre du 31 janvier. (Id., VIII, 445.)

vouera dans ses prochaines lettres ; mais elle
sait qu'on n'y est pas admis sans difficulté, que
Madame de Maintenon y fait aller seulement
« les gens d'une profonde sagesse, » et sa modestie l'empêche d'espérer.

« Racine, écrit-elle, parla à Madame de Maintenon de M. de Pomponne ; elle fit un cri, et le
Roi aussi, et Sa Majesté lui fit ordonner d'y aller.
Il y fut donc hier, cet illustre Pomponne ; je ne
finirai point cette lettre que je ne l'aie vu [1]. »

Madame de Sévigné est interrompue par l'arrivée de Poirier, domestique du chevalier de
Grignan, qui apporte un billet de son maître et
des nouvelles de Versailles. « Ces messieurs ne
s'y ennuient pas ; le chevalier est ravi et transporté d'*Esther*. »

Trois jours après, le 7 février, en sortant de
la poste, madame de Sévigné va chez M. de Pomponne qui était revenu le jour même à Paris.
Elle écrit aussitôt à sa fille :

« Madame de Vins vous aura mandé comme
Madame de Maintenon le nomma, et comme il
eut ordre du Roi de venir le lendemain à cette
belle tragédie. Le Roi lui dit le matin qu'il étoit

---

[1] Lettre du 4 février. (Collection des grands écrivains de la
France, madame de Sévigné, T. VIII, 453.)

fort digne d'en juger, qu'il en seroit assurément
content. Et, en effet, il l'est au dernier point.
Racine s'est surpassé, il aime Dieu comme il
aimoit ses maîtresses; il est pour les choses
saintes, comme il étoit pour les profanes. La sainte
Écriture est suivie exactement dans cette pièce ;
tout est beau, tout est grand, tout est traité avec
dignité. Vous avez vu ce que M. le chevalier m'en
a écrit. Ses louanges et ses larmes sont bonnes....
Quand la pièce sera imprimée, je l'enverrai à
ma chère fille. Plût à Dieu qu'elle la pût voir[1] ! »

La représentation dont il est question dans ces
deux lettres, est celle du 3 février. Nous savons
par le Journal de Dangeau que le Roi y assista
avec Monseigneur, Madame la Dauphine et toute
la Maison royale. Mais Dangeau ne nomme pas
les autres spectateurs, parmi lesquels étaient
le chevalier de Grignan et M. de Pomponne.
Remarquons en passant que Pomponne, éloigné
des affaires depuis dix ans, par les intrigues de
Colbert et de Louvois, ne vivait plus à la Cour.
Cette invitation, faite dans les termes que madame de Sévigné rapporte. ressemble fort à un
retour de faveur, au moment même où l'influence

---

[1] Lettre du 7 février. (Collection des grands écrivains de la
France, madame de Sévigné, T. VIII, 457.)

de Louvois touche à son déclin. Colbert est mort
en 1683 ; Louvois mourra en 1691 ; et, à cette
époque, deux ans juste après les représentations
d'*Esther*, Pomponne redeviendra ministre.

Esther fut jouée pour la quatrième fois le 5 février, en l'honneur de Jacques II, roi détrôné d'Angleterre, à qui Louis XIV avait offert dans le château de Saint-Germain une hospitalité souveraine,
et à qui plus tard il donnera une flotte et une
armée pour reconquérir son royaume.

« Le Roi, écrit Dangeau, dîna de bonne heure,
et, en sortant de table, alla à Saint-Cyr. Sur les
trois heures, le roi et la reine d'Angleterre y
arrivèrent. Le Roi les reçut dans le chapitre, et
ensuite les mena voir la tragédie d'*Esther*; il y
avoit trois fauteuils. La reine d'Angleterre étoit
assise au milieu, le roi d'Angleterre à droite, et
le Roi à gauche. Madame de Caylus joua le rôle
d'Esther, et jamais la pièce n'avoit mieux réussi. »

Les Mémoires de Saint-Cyr entrent dans plus
de détails :

« Nous vîmes alors, disent les Dames, trois
têtes couronnées dans notre maison, et presque
tous les princes et princesses du sang. Les
actrices, animées par de si augustes spectateurs,
et l'empressement qu'on mettoit à les voir, en

prirent une nouvelle émulation, et eurent un
succès surprenant. La musique ne fut pas un
des moindres agréments de la pièce ; car, outre
que nous avions de belles voix, les instruments
des musiciens du Roi en relevoient l'harmonie.
Le Roi avoit donné, pour ce jour-là, quelques-
unes de ses musiciennes des plus sages et des
plus habiles, pour mêler avec les Demoiselles,
afin de fortifier le chœur des Israélites : on les
habilla comme elles à la persane, ce qui auroit
dû les confondre avec les autres ; mais ceux qui
ne les connoissoient pas pour être de la musique
du Roi les distinguoient fort bien pour n'être pas
de nos Demoiselles, en qui on remarquoit une certaine modestie et une noble simplicité bien plus aimable que les airs affectés que se donnent les filles
de cette sorte. Tout le monde convint que l'Opéra
et la Comédie n'approchoient pas de ce spectacle.
D'un côté on voyoit, sur le théâtre, de jeunes
demoiselles bien faites, fort jolies, qui représentoient parfaitement bien, qui ne disoient que
des choses capables d'inspirer des sentiments
honnêtes et vertueux, et dont l'air noble et
modeste, sans affectation, ne donnoit aux spectateurs que l'idée de la plus grande innocence.
Si l'on tournoit la tête de l'autre côté, on voyoit

cette multitude de Demoiselles, rangées pour
ainsi dire en pyramides, très-proprement mises
dans leurs habits de Saint-Cyr, qui, avec les
rubans de chaque couleur qu'elles portent,
faisoient une diversité agréable. Pour ce qui est
de la place du milieu, on y voyoit les Rois et
tout ce qu'il y avoit d'illustre à la Cour. »

Cette représentation fut la plus brillante de
toutes, et mit le comble à la gloire de Racine.
Son âme tendre et impressionnable ressentit
vivement les émotions du triomphe. On le sur-
prit un soir, à la porte de la chapelle, « étouffant
devant Dieu, la joie et l'orgueil dont il se sentoit
gonflé. » Car l'auteur de *Phèdre* et de *Bérénice* ne
le cédait en rien pour la foi naïve et la simplicité
du cœur à ces innocentes jeunes filles, dont il
avait fait de si adorables actrices, et qui, de leur
côté, avant d'entrer en scène, se mettaient à
genoux derrière le théâtre, et disaient des *Veni
Creator* afin d'obtenir de ne pas broncher. Le
maître était digne des élèves.

Il y eut le 15 février, une cinquième représentation sur laquelle nous n'avons d'autres renseignements que ceux donnés par Dangeau : « Le
Roi, Monseigneur, Monsieur, Madame, Mademoiselle, et les princesses, allèrent à Saint-Cyr

voir la tragédie d'*Esther*, qu'on admire toujours de plus en plus. »

Nous allons revenir pour un instant encore à madame de Sévigné et nous donner le plaisir de suivre à travers ses lettres, l'histoire de notre théâtre.

CHAPITRE VII

MADAME DE SÉVIGNÉ A SAINT-CYR

Être admise, après l'avoir longtemps désiré, à
une représentation d'*Esther*; y aller en grand
habit, avec madame de Coulanges, cette gaie et
ravissante compagne, dans l'équipage de la
duchesse de Chaulnes ; assister à la pièce avec
le petit nombre des élus ; recevoir les compli-
ments du Roi et de toute la Cour ; et s'en revenir
le soir, aux flambeaux, escortée comme une
reine : tel est le rêve charmant que fit madame
de Sévigné, et qu'elle raconte.

Elle avait été, il faut le dire, l'amie intime de
madame Scarron, à une époque où, pour la
veuve du pauvre poëte, les amies de cette qualité étaient rares. Madame de Maintenon ne l'a
pas oublié.

Le mercredi 9 février 1689, madame de Sévigné écrit à sa fille :

« L'abbé Têtu vous rend mille grâces de votre

souvenir ; il a porté ses vapeurs à Versailles ; il
a nommé mon nom à Madame de Maintenon à
l'occasion d'*Esther;* elle a répondu mieux que je
ne mérite. J'irai à Saint-Cyr samedi ou mardi ;
je vous nommerai en vous plaignant de ne point
voir cette merveille ; on en aura tous les ans
pour consoler les absentes [1]. »

Et dans une autre lettre du vendredi 11, elle
dit :

« On continuera à représenter *Esther*. Madame de Caylus, qui en étoit la Champmeslé, ne
joue plus : elle faisoit trop bien, elle étoit trop
touchante ; on ne veut plus que la simplicité
toute pure de ces petites âmes innocentes. J'irai
voir cette pièce ; je vous rendrai bon compte de
tout [2]. »

Ainsi que le prouve la date de cette lettre, ce
fut le 5 février, devant le roi et la reine d'Angleterre, que madame de Caylus joua Esther
pour la dernière fois. On commençait à trouver
quelque inconvénient à ces spectacles. Certains
dévots, exagérant le danger, tourmentaient Madame de Maintenon de leurs continuelles remontrances, et ne tenaient aucun compte de l'appro-

[1] *Lettres*, VIII, 463.
[2] Id., VIII, 463.

bation presque unanime des ecclésiastiques et
des prélats. Enfin, les dames de Saint-Louis n'entraient au théâtre qu'à regret, et uniquement
pour y conduire et y garder les Demoiselles. La
plupart se retiraient dans les tribunes de la
chapelle ou dans la salle de la communauté, et
y demeuraient cachées pendant tout le temps
que durait la pièce.

Madame de Sévigné arrivera donc un peu
tard, et le théâtre de Saint-Cyr, déjà menacé
dans son existence, aura perdu son principal
attrait. Mais qu'importe ? L'honneur n'en sera
pas moins grand ; et madame de Sévigné tient
plus encore à l'honneur qu'au plaisir.

Le 14 février, elle écrit à sa fille que décidé-
ment elle verra *Esther* ; que madame de Coulanges l'accompagnera à Versailles, et que madame de Chaulnes leur prêtera son équipage.
« Je n'y vais, ajoute-t-elle, qu'à cette condition. »

On sait que, pour soutenir l'existence fas-
tueuse de sa fille et de son gendre dans leur
gouvernement de Provence, madame de Sévigné
s'était vue depuis longtemps forcée de réduire
aux proportions les plus humbles sa propre
maison. Elle n'avait plus d'équipage. Or comment aller à Saint-Cyr, comment se montrer à la

Cour sans équipage ? L'offre de madame de Chaulnes semblait devoir lever la difficulté. Mais il parait
que cette duchesse étourdie oubliait facilement
ses promesses. Dans la lettre suivante, madame
de Sévigné ne dissimule pas son inquiétude et sa
mauvaise humeur.

« Je n'irai que samedi à Saint-Cyr, écrit-elle
le 16 février, avec M. de Lamoignon et madame
de Coulanges qui m'a promis d'y revenir avec
moi. Je vous rendrai compte de ce voyage. Madame de Chaulnes ne parle plus du sien. Je sais
seulement qu'elle sera fort aise de m'emmener.
Je lui laisse démêler toutes ses fusées. »

Cependant, avant de fermer sa lettre, madame
de Sévigné a voulu savoir ce qui se disait par la
ville. Elle est allée à la source des renseignements, c'est-à-dire à l'hôtel de Coulanges, « où
elle fait ses paquets les jours d'ordinaires » et
qu'elle appelle en riant « son bureau d'adresse.»
C'est d'ailleurs une de ses habitudes de ne jamais
laisser partir son courrier sans y ajouter les
nouvelles de la dernière heure.

« J'ai vu, dit-elle en post-scriptum, madame
de Chaulnes et madame de Coulanges. Elles sont
ravies d'*Esther*. Cette première vous embrasse et
vous aime, et veut m'emmener en Bretagne; elle

vous en demandera la permission ; mais elle ne
partira pas sitôt ; elle est ici pour quelques affaires... Madame de Coulanges vous a vengée de la
maréchale d'Estrées. Elle lui dit, la voyant se
taire sur les louanges d'*Esther* : *Il faut que madame la maréchale ait renoncé à louer jamais
rien, puisqu'elle ne loue pas cette pièce.* La maréchale est enragée contre madame de Coulanges [1]. »

Le ton de cette lettre montre bien que toutes
les difficultés ont enfin disparu, même l'embarras
de l'équipage. Madame de Sévigné ira non-seule-
ment à Saint-Cyr, mais encore à son château des
Rochers, où il faut qu'elle vive de régime et d'éco-
nomie pendant quelques mois. La duchesse de
Chaulnes, en l'emmenant avec elle, lui épargnera
les frais du voyage.

Dans la lettre suivante, du vendredi 18 février,
madame de Sévigné reprend et développe la jolie
historiette de la maréchale d'Estrées. Son voyage
à Saint-Cyr, sans cesse ajourné, est fixé enfin
au lendemain samedi.

« Madame de Coulanges, écrit-elle, est revenue
de Saint-Cyr : elle y a été tout-à-fait bien reçue,

[1] *Lettres*, VIII, 472.

et assise auprès de Madame de Maintenon, et disant choses et louanges nouvelles. Elle y retourne
demain avec moi; nous attendons la réponse, car
la presse est devenue si extrême, que je ne croi-
rai y aller que quand je serai partie. Je vous ai
mandé le discours de madame de Coulanges à la
maréchale d'Estrées ; la scène se passa chez
M. de Croissy: la compagnie fit un éclat de rire
qui déconcerta la maréchale et donna courage
à madame de Coulanges, qui dit tout bas à M. de
Charost: « Songez qu'elle n'a jamais voulu louer
madame de Grignan non plus qu'*Esther*.... » La
maréchale s'est plainte doucement du reproche
d'*Esther* et que c'étoit *pour lui faire une affaire*. Madame de Coulanges est cependant une
ingrate, car jamais la maréchale ne lui a arraché
les yeux. »

Cette anecdote montre une fois de plus l'im-
portance qu'avaient les représentations d'*Esther*
aux yeux des gens de la Cour et des gens du
monde. Ne pas admirer, ne pas applaudir,
c'était, à en croire la maréchale d'Estrées, ris-
quer de se faire une affaire. C'était tout au moins
donner une mauvaise opinion de son goût et de
son esprit.

Citons pour finir, bien qu'elle soit un peu

longue, la jolie lettre dans laquelle madame de.
Sévigné raconte son voyage à Saint-Cyr.

. « Nous y allâmes samedi, écrit-elle, madame
de Coulanges, madame de Bagnols, l'abbé Têtu
et moi. Nous trouvâmes nos places gardées. Un
officier dit à madame de Coulanges que Madame
de Maintenon lui faisoit garder un siège auprès
d'elle : vous voyez quel honneur. *Pour vous, madame*, me dit-il, *vous pouvez choisir.* Je me
mis avec madame de Bagnols au second banc
derrière les duchesses. Le maréchal de Bellefonds
vint se mettre, par choix, à mon côté droit, et
devant, c'étoient mesdames d'Auvergne, de Cois-
lin, de Sully. Nous écoutâmes, le maréchal et
moi, cette tragédie avec une attention qui fut remarquée, et de certaines louanges sourdes et bien
placées, qui n'étoient peut-être pas sous les fontanges de toutes les dames. Je ne puis vous dire
l'excès de l'agrément de cette pièce : c'est une
chose qui n'est pas aisée à représenter, et qui
ne sera jamais imitée ; c'est un rapport de la
musique, des vers, des chants, des personnes,
si parfait et si complet qu'on n'y souhaite rien.
Les filles qui font des rois et des personnages
sont faites exprès : on est attentif et on n'a
point d'autre peine que celle de voir finir une

7

si aimable pièce; tout y est simple, tout y est
innocent, tout y est sublime et touchant. Cette
fidélité de l'Histoire sainte donne du respect; tous
les chants convenables aux paroles qui sont tirées
des Psaumes ou de la Sagesse, et mis dans le
sujet, sont d'une beauté qu'on ne soutient pas
sans larmes: la mesure de l'approbation qu'on
donne à cette pièce, c'est celle du goût et de l'attention. J'en fus charmée, et le maréchal aussi,
qui sortit de sa place pour aller dire au Roi combien il étoit content, et qu'il étoit auprès d'une
dame qui étoit bien digne d'avoir vu *Esther*. Le
Roi vint vers nos places, et après avoir tourné,
il s'adressa à moi et me dit: *Madame, je suis
assuré que vous avez été contente.* Moi, sans
m'étonner, je répondis: *Sire, je suis charmée;
ce que je sens est au-dessus des paroles.* Le Roi
me dit: *Racine a bien de l'esprit.* Je lui dis:
*Sire, il en a beaucoup; mais, en vérité, ces jeunes
personnes en ont beaucoup aussi: elles entrent
dans le sujet comme si elles n'avoient jamais
fait autre chose.* Il me dit: *Ah! pour cela, il est
vrai.* Et puis, sa Majesté s'en alla et me laissa
l'objet de l'envie.

» Comme il n'y avoit quasi que moi de nouvelle
venue, il eut quelque plaisir de voir mes sincères

admirations sans bruit et sans éclat. Monsieur le
Prince, Madame la Princesse me vinrent dire un
mot; Madame de Maintenon un éclair: elle s'en
alloit avec le Roi. Je répondis à tout, car j'étois
en fortune. Nous revînmes le soir aux flambeaux.
Je soupai chez madame de Coulanges à qui le
Roi avoit parlé aussi avec un air d'être chez lui
qui lui donnoit une douceur trop aimable. Je vis
le soir M. le Chevalier; je lui contai tout naïve-
ment mes petites prospérités, ne voulant point
les cachoter sans savoir pourquoi, comme de certaines personnes; il en fut content, et voilà qui
est fait; je suis assurée qu'il ne m'a point trouvé
dans la suite ni une sotte vanité, ni un transport
de bourgeoise... Ce samedi même, après cette
belle *Esther*, le Roi apprit la mort de la jeune
reine d'Espagne, en deux jours, par de grands
vomissements: cela sent bien le fagot. Le Roi le
dit à Monsieur le lendemain, qui étoit hier. La
douleur fut vive. Madame crioit les hauts cris;
le Roi en sortit tout en larmes [1]. »

Cette mort suspendit les représentations d'*Esther*, qui bientôt d'ailleurs eussent été inter-
rompues par le carême. Cependant, pour occuper

[1] *Lettres*, VIII, 479.

les chanteuses et pour distraire le Roi, on pria
Racine de composer quelques cantiques tirés de
l'Ecriture, dont l'organiste Nivers fit la musique,
et qui furent exécutés plusieurs fois ; le roi et la
reine d'Angleterre vinrent les entendre. Cette
année encore, les Demoiselles récitèrent devant
Louis XIV une ode de mademoiselle Deshou-
lières, récemment couronnée par l'Académie
française « Sur le soin que le Roi prend de l'éducation de la noblesse dans les places et à Saint-
Cyr. » Les vers en sont d'une banalité et d'une
médiocrité telles, qu'il n'est pas possible d'en
citer un seul. Une cantate à la louange de
Madame de Maintenon, œuvre d'un auteur
inconnu et digne de l'être, ne fut également
chantée qu'une seule fois.

Cela n'empêcha pas Louis XIV de revenir très-
souvent à Saint-Cyr, même avant la réouverture
du théâtre. Les dames de Saint-Louis disent qu'il
visitait les classes, voyait la communauté, allait
dans les jardins et donnait partout beaucoup de
marques de bonté. Les Demoiselles le suivaient
ou se tenaient à son passage pour avoir l'honneur de le voir. « Dans ces occasions, et pour
lui marquer leur attachement et leur reconnois-
sance, elles se mettoient à chanter d'elles-mêmes,

comme par un mouvement subit, des chants à sa
louange. »

Un jour, par exemple, mademoiselle de Beaulieu entonna de sa belle voix les vers suivants
d'un chœur de Quinault que toutes les Demoiselles de sa classe continuèrent :

> Qu'il règne, ce héros, qu'il triomphe toujours,
> Qu'avec lui soient toujours la paix et la victoire!
> Que le cours de ses ans dure autant que le cours
>   De la Seine et de la Loire!
> Qu'il règne ce héros, qu'il triomphe toujours!
>   Qu'il vive autant que sa gloire [1]!

Enfin, dès le commencement de l'année suivante, 1690, on reprit *Esther*. L'empressement
et la curiosité des courtisans s'étaient un peu
refroidis. La pièce avait paru imprimée; et l'on
sait que de tout temps l'impression fut le grand
écueil des auteurs, surtout après un succès de
représentation ou de lecture : « C'est une requête
civile contre l'approbation publique, » disait
le duc de La Feuillade, dont madame de Sévigné rapporte le mot. — Pour des chefs-d'œuvre
comme le *Cid* ou *Esther*, une telle défaveur dure
peu; mais les mauvais auteurs ne s'en relèvent

---

[1] Manuscrit cité par M. Lavallée. — Voyez dans les œuvres
de Quinault, le ballet qui a pour titre : *Le Temple de la Paix*,
et qui avait été représenté à Fontainebleau devant le Roi le
15 octobre 1685.

jamais, témoin le pauvre Chapelain, qui ne doit
d'ailleurs qu'à sa ridicule aventure la célébrité
dont il jouit encore dans notre histoire littéraire.

Cependant madame de Sévigné elle-même,
malgré son goût si juste et si sûr, se sentit un
moment ébranlée. « L'impression a fait son effet
ordinaire, écrit-elle à madame de Grignan qui
avait lu, paraît-il, *Esther* sans beaucoup d'en-
thousiasme; pour moi, je ne réponds que de l'a-
grément du spectacle qui ne peut pas être contesté. » Et dans la lettre suivante, elle ajoute
avec cette complaisance qu'on lui connaît pour les
opinions de sa fille : « Vous dites des merveilles
sur *Esther* : il est vrai qu'il falloit des personnes
innocentes pour chanter les malheurs de Sion;
la Champmeslé vous auroit fait mal au cœur.
C'est cette convenance qui charmoit dans cette
pièce. Racine aura peine à faire quelque chose
d'aussi agréable, car il n'y a plus d'histoire
comme celle-là. C'étoit un hasard et un assortiment de toutes choses qui ne se retrouvera peut-
être jamais... Racine, dit-elle en finissant, a
pourtant bien de l'esprit, il faut espérer. »

Le poëte, en effet, n'avait pas dit son dernier
mot; il lui restait encore à faire le chef-d'œuvre
des chefs-d'œuvre : *Athalie*.

Mais il serait injuste de ne pas entendre jusqu'au bout madame de Sévigné. Tout à l'heure,
elle a parlé un peu contre sa conscience, elle a
dit plus qu'elle ne pensait ; elle n'a pas osé protes-
ter contre le jugement de sa savante fille : mais
la réflexion venant, elle s'est ensuite promptement ravisée.

« Pour *Esther*, écrit-elle le 23 mars, je ne
vous reprends point du tout les louanges que je
lui ai d'abord données : je serai toute ma vie
charmée de l'agrément et de la nouveauté du
spectacle ; j'en suis ravie ; j'y trouve mille choses
si justes, si bien placées, si importantes à dire
à un roi, que j'entrois avec un sentiment
extraordinaire dans le plaisir de pouvoir dire en
se divertissant et en chantant des vérités si
solides ; j'étois touchée de toutes ces différentes
beautés ; aussi, je suis bien loin de changer de
sentiment... Je l'ai lue encore avec plaisir, et
les critiques sont déboutés. »

Pendant l'hiver de 1690, il y eut sept représentations à Saint-Cyr. — Dangeau, devenu très-
laconique, mentionne sans commentaire celles
du jeudi 5, du mardi 10 et du lundi 23 janvier.
« Le Roi dîna à son petit couvert et alla à
Saint-Cyr où l'on joua la tragédie d'*Esther*. »

Voilà tout. Nous ne savons rien ni du spectacle ni des spectateurs.

Pourtant, la représentation du jeudi 19 fut marquée par un accident que Dangeau n'a pu passer sous silence. La reine d'Angleterre, se rendant de Saint-Germain à Saint-Cyr, versa en carrosse. Le cocher qui la conduisait avait appartenu à Cromwell, et cette particularité donna lieu, comme on pense, à bien des conjectures.

Enfin, le lundi 30 janvier, Dangeau nous apprend que le Dauphin, après avoir couru le loup toute la matinée avec Madame [1], quitta la chasse de bonne heure afin de pouvoir accompagner le Roi à Saint-Cyr. — Quant à la terrible Palatine que l'étiquette ennuyait, et qui était allée voir *Esther* une fois pour toutes, l'année précédente, elle continua seule à battre les bois.

Dangeau ne parle pas de deux représentations qui, d'après M. Lavallée, auraient été données encore le 3 et le 10 février suivant. Les Mémoires des Dames ne citent pas davantage ces dates; ils disent seulement :

« Le carnaval de cette année se passa à peu près comme la précédente, en représentations

---

[1] Elisabeth-Charlotte de Bavière, surnommée la *Palatine*, seconde femme du duc d'Orléans.

de la tragédie d'*Esther*. Le Roi y vint plusieurs fois, et y prit tant de plaisir, qu'il dit à M. Racine de faire une autre pièce sur quelque sujet semblable pour l'année d'après celle-là. »

Racine se mit immédiatement à l'œuvre et composa *Athalie*.

CHAPITRE VIII

DANGERS DU THÉATRE AU COUVENT
INTERDICTION D'ATHALIE

Dès que sa pièce fut achevée, c'est-à-dire dans les derniers mois de 1690, Racine la soumit à ses juges ordinaires. Il la lut d'abord à Boileau, qui s'en montra enthousiasmé ; puis au Roi et à Madame de Maintenon, qui l'accueillirent comme ils avaient accueilli *Esther*.

Un passage de la correspondance de Boileau donne à entendre que M. de Lamoignon réclama à son tour et obtint une lecture d'*Athalie*. Cela devait être, Racine ayant été de tout temps, comme Boileau son ami, l'un des familiers de l'hôtel Lamoignon. Enfin, une lettre de Duguet, citée dans le Port-Royal de Sainte-Beuve, nous apprend que le poëte alla, le 15 novembre 1690, lire quelques scènes de son *Athalie* chez le marquis de Chandenier, vieux gentilhomme aimable et spirituel, dont Saint-Simon, dans ses

Mémoires, parle avec éloge. « C'étoit, dit-il,
un homme de beaucoup de goût et d'excellente
compagnie. »

M. de Chandenier était âgé alors de plus de
quatre-vingts ans, et habitait, dans les environs
de Sainte-Geneviève, un joli ermitage de vieil-
lard et de philosophe, très-visité, très-fréquenté,
et dont les gens de lettres surtout connaissaient
bien le chemin. Le lieu et l'auditoire étaient
des mieux choisis pour une confidence littéraire;
aussi Duguet nous dit-il qu'*Athalie* fut louée et
applaudie sans réserve.

Après cette heureuse épreuve, et sur la foi de
tant d'avis favorables, Racine ne douta pas d'un
nouveau succès.

On avait fait à Saint-Cyr les mêmes prépa-
ratifs pour les représentations d'*Athalie* que
pour celles d'*Esther*. Bérain avait peint les
décors et dessiné les costumes; le compositeur
Moreau avait réuni un orchestre nombreux composé de violes, de flûtes et de hautbois; enfin,
tandis que, de son côté, Racine instruisait les
actrices, Nivers, organiste et maître à chanter,
exerçait les chœurs.

Il y eut, le 5 janvier 1691, devant le Roi et
le Dauphin, une première répétition générale

d'*Athalie* avec la musique; il y en eut une
autre le 8 « fort en particulier » nous dit Dangeau, à laquelle Madame de Maintenon ne conduisit que peu de dames; et une troisième, le
22 février, en présence du roi et de la reine
d'Angleterre, de Fénelon, du Père de la Chaise
et de plusieurs ecclésiastiques.

Madame de Maintenon avait voulu que ces répétitions se fissent dans la classe bleue, sans décors ni costumes (elle permit pourtant une fois
ou deux les costumes); quant aux représentations
sur le théâtre et devant la Cour, elle les ajourna
d'abord de semaine en semaine, et finit par les
interdire formellement. Le Roi, qui s'amusait
beaucoup à ces spectacles, et qui n'y voyait point
de mal, n'approuva qu'à demi cette mesure; les
jeunes actrices, qui avaient pris goût, comme on
peut le croire, aux applaudissements, ne ca-
chèrent pas leur dépit; et Racine fut consterné
d'avoir ainsi perdu son temps et ses peines.

Tout autre, à sa place, eût pu s'écrier, comme
Sidrac, dans le *Lutrin:*

Le coup part, j'en suis sûr, d'une main janséniste.

Mais Racine, réconcilié depuis longtemps avec
Port-Royal, ne pouvait avoir cette pensée; et ce

n'était point, il le savait, de ce côté-là que Madame de Maintenon allait ordinairement chercher des inspirations et des conseils.

Il ne pouvait pas, avec plus de vraisemblance, s'en prendre aux Jésuites, si indulgents, si tolérants, et qui tous avaient approuvé et encouragé les représentations d'*Esther*. « Il faut avouer, avaient dit ces bons Pères à Madame de Maintenon, que nous n'entendions rien à la manière de déclamer ; nos écoliers ne font rien qui vaille à côté de ces demoiselles, et nous serions honteux dorénavant de les faire jouer en public ! [1] »

Cependant, en dehors des Jésuites et des Jansénistes, une pieuse cabale s'était formée contre *Athalie*.

On se souvient que, dès le début, certaines personnes, d'une dévotion sévère, s'étaient montrées hostiles au théâtre de Saint-Cyr. M. Hébert, curé de Versailles, plusieurs fois invité, refusa toujours d'y paraître. Quant au saint évêque de Chartres, Godet des Marais, « il voulut, disent les dames de Saint-Louis, voir jouer cette pièce (*Esther*) dans tout son éclat, afin d'en mieux juger. Il y vint une fois qu'il y avoit peu de monde, et fut confirmé

---

[1] *Mémoires des Dames*, page 266.

dans la pensée que, plus cela étoit beau et singu-
lier, plus le danger étoit à craindre pour les Demoiselles... Et, étant convaincu que cela feroit tôt
ou tard de mauvais effets, il conseilla à Madame
de Maintenon de faire cesser peu à peu ce spectacle, lui faisant un grand scrupule des maux
qui en pouvoient arriver, qui, pour n'être pas ap-
parents, à cause du respect qu'on avoit pour elle,
et la crainte du Roi, n'en seroient peut-être pas
moins grands devant Dieu, et nuiroient infiniment
à la bonne éducation des Demoiselles. Madame de
Maintenon, que les réflexions faisoient penser de
même, n'eut pas de peine à suivre ce conseil, et
le fit agréer au Roi, quoique, par son inclination,
il auroit mieux aimé qu'on eût continué de faire
comme auparavant. »

Ajoutons que les poëtes ennemis de Racine
s'étaient ligués avec les gens de bien, ennemis
des spectacles, pour faire échouer ou suspendre
les représentations d'*Athalie*. Madame de Maintenon fut accablée de lettres anonymes, et il se
répandit dans le public un déluge d'épigrammes
aussi plates qu'odieuses. En voici une attribuée
à Fontenelle :

Gentilhomme extraordinaire,
Poëte missionnaire,
Transfuge de Lucifer,
Comment diable as-tu pu faire
Pour renchérir sur *Esther?*

Il faut espérer, pour l'honneur de Fontenelle,
que la tradition s'est trompée, et que ces misé-
rables vers ne sont pas de lui. Au reste, Madame
de Maintenon savait mieux que personne le cas
qu'il fallait faire de pareilles attaques, et elle
n'épousa en aucune façon la querelle des poëtes.
Mais elle ne put fermer l'oreille aux plaintes et
aux remontrances qui lui vinrent de Saint-Cyr
même, et les idées de réforme, faiblement com-
battues par le Roi, prévalurent.

Nous avons vu dans un précédent chapitre les
dames de Saint-Louis n'assister que par con-
trainte aux représentations d'*Esther*. Elles n'approuvaient point ces spectacles, et voici comment
elles s'en expliquent dans leurs Mémoires par la
plume de madame du Pérou, l'annaliste de la
Communauté.

« Quoique nous eussions, dit cette dame, nos
places marquées à *Esther*, qu'il nous fût libre
d'y aller, et que le Roi témoignât être bien aise
de nous y voir, nous usâmes sobrement de cette
liberté, et, passé les premières fois, nous y fûmes

peu, la plupart aimant mieux donner ce temps à
la prière ou à quelque bonne occupation qu'à
prendre ce plaisir, bien qu'il fût innocent. Comme
on étoit là à la vue de tout le monde, cela ne laissoit
pas de nous paroître peu convenable à notre état,
et nous tenoit dans une grande circonspection,
outre que messieurs nos directeurs nous avoient
tellement portées à Dieu, que nous ne nous sou-
ciions guère de rien que de lui plaire ; même, plusieurs de nous, lorsqu'elles assistoient à ce spectacle, étoient bien plus occupées de sa présence
que de tout ce qui s'offroit à leurs yeux. »

Ces sentiments étaient naturels chez des religieuses destinées par vocation et par état à la retraite et à l'ignorance du monde. Le luxe, le bruit
et le mouvement de ces fêtes devenues les fêtes
de la Cour, troublaient et inquiétaient leur conscience ; elles n'y étaient point à l'aise ; elles s'y
sentaient déplacées. Madame de Maintenon n'eut
pas de peine à comprendre les inconvénients
d'une telle situation. Voici ce qu'elle écrivait à
l'abbé Gobelin, son confesseur, le 14 février
1689, dans le temps même des premières représentations d'*Esther* :

« La représentation d'*Esther* m'empêche de
voir les dames de Saint-Cyr aussi souvent que

8

je le voudrois; je ne puis plus en supporter la fatigue, et j'ai résolu, sans le dire, de ne la plus faire jouer pour le public. Le Roi vient, et après cela nos actrices seront malades et ne joueront plus qu'en particulier, ou pour le Roi s'il l'ordonnoit. Nous retrouverons tout en paix, s'il plaît à Dieu, pour passer saintement le carême. »

La résolution de Madame de Maintenon était donc dès lors bien arrêtée. On a vu, en effet, que la reprise d'*Esther*, en 1690, se fit presque à huisclos, et que la Cour n'y fut plus admise.

Il faut dire que si les dames de Saint-Cyr n'aimaient point le théâtre, les Demoiselles, au contraire, l'aimaient trop, au gré de Madame de Maintenon. Elles ne parlaient et ne s'occupaient plus d'autre chose. Elles devinrent difficiles à gouverner; la règle de la maison en souffrit, et enfin, ce carême, dont parle la lettre précédente, se passa moins saintement qu'on ne l'eût souhaité.

L'une des pratiques essentielles du carême à Saint-Cyr consistait à garder chaque jour un profond silence « dans les temps marqués, » c'est-à-dire durant de longues heures. Une semblable observance, au lendemain des représentations d'*Esther*, était, on en conviendra, des plus méritoires, mais aussi des plus difficiles.

Les dames de Saint-Louis eurent à déplorer des contraventions nombreuses, qu'elles s'efforcèrent vainement de réprimer par des punitions ou des reproches. Madame de Maintenon, sur les plaintes qu'on lui fit de la dissipation des Demoiselles, essaya d'intervenir, grondant les unes, caressant les autres, sans en être obéie davantage. Elle voulut alors les convaincre par son propre exemple ; et, un jour (c'est elle-même qui le raconte dans une de ses lettres) ayant réussi à s'échapper de Versailles dès le matin, et étant arrivée de bonne heure à Saint-Cyr, elle se fit amener un certain nombre de jeunes filles choisies parmi les plus rebelles au silence, alla s'enfermer avec elles dans une des salles de la *Roberie*, et y demeura jusqu'au soir sans prononcer ni permettre qu'on prononçât un seul mot.

La leçon, cette fois, fut mise à profit, et, pendant quelque temps, cette pratique si cruelle du silence fut étroitement observée. Mais les Demoiselles donnèrent bientôt à leurs maîtresses et à leur fondatrice d'autres sujets de peine.

La magnificence de leur maison, établie avec tant de sollicitude par Louis XIV, la protection sans cesse agissante de ce grand roi, ses lar-

gesses, ses fréquentes visites (lorsqu'on le savait
si occupé d'autre part, si chargé d'affaires et si
justement économe de son temps!) la renommée toute récente du théâtre de Saint-Cyr; le
génie de Racine employé uniquement à instruire
et à divertir ces heureuses jeunes filles; l'admiration enfin de tant de personnes illustres et let-
trées qui composaient alors la cour de France,
et qu'on pouvait appeler l'élite du royaume, tout
cela était certes bien fait pour inspirer de l'orgueil aux plus vertueuses.

. « Elles devinrent, disent les dames de Saint-
Louis, fières, dédaigneuses, hautaines, peu do-
ciles; » elles prirent avec trop d'affectation le
ton et les airs de la Cour; elles oublièrent l'humilité de leur condition et la pauvreté de leurs
familles : « elles rêvèrent mariages, grandeurs,
richesses. » — « *Saint-Cyr*, disaient-elles, *est
présentement à la mode;* » et chacune croyait
contribuer par son mérite à la gloire commune.
Le monde, qu'elles n'avaient fait qu'entrevoir,
excitait leur curiosité et leurs désirs; « il n'é-
toit plus question entre elles que d'esprit et de
bel esprit; on se piquoit d'en avoir et de savoir
mille choses vaines et frivoles. » On n'acceptait
sur tout cela aucune remontrance, et les Dames

voyaient diminuer chaque jour leur autorité.
Enfin, une prompte réforme était nécessaire si
l'on voulait revenir encore à la discipline et à la
régularité primitives de l'Institut.

Le 20 septembre 1691, quelques mois après
les trois grandes répétitions d'*Athalie*, Madame
de Maintenon écrivait la lettre suivante à madame de Fontaines, maîtresse générale des
classes :

« La peine que j'ai sur les filles de Saint-Cyr
ne se peut réparer que par le temps et par un
changement entier de l'éducation que nous leur
avons donnée jusqu'à cette heure ; il est bien
juste que j'en souffre, puisque j'y ai contribué
plus que personne, et je serai bien heureuse si
Dieu ne m'en punit pas plus sévèrement. Mon
orgueil s'est répandu par toute la maison, et le
fond en est si grand qu'il l'emporte même par-
dessus mes bonnes intentions.

» Dieu sait que j'ai voulu établir la vertu à
Saint-Cyr, mais j'ai bâti sur le sable ; n'ayant
point ce qui, seul, peut faire un fondement solide,
j'ai voulu que les filles eussent de l'esprit, qu'on
élevât leur cœur, qu'on formât leur raison ; j'ai
réussi à ce dessein : elles ont de l'esprit et s'en
servent contre nous ; elles ont le cœur élevé, et

sont plus fières et plus hautaines qu'il ne conviendroit de l'être aux plus grandes princesses; à parler même selon le monde, nous avons formé leur raison et les avons rendues discoureuses, présomptueuses, curieuses, hardies. C'est ainsi que l'on réussit quand le désir d'exceller nous fait agir. »

Madame de Maintenon, on le voit, n'avait pas besoin de prêter l'oreille aux cabales. Elle avait elle-même contre l'éducation raffinée de Saint-Cyr, et en particulier contre les spectacles, des griefs sérieux. Sa correspondance à cette époque est intéressante à consulter. Voici ce qu'elle écrivait en décembre 1690, au moment même où l'on préparait *Athalie*, à une élève de la classe bleue qui devait tenir l'un des principaux rôles du chant dans la pièce.

« Il m'est revenu une désobéissance que vous avez faite à madame de Labarre, et j'ai arrêté la punition qu'on vouloit vous faire. Comment pouvez-vous croire qu'on souffrira de pareilles révoltes? Y a-t-il quelque exception là-dessus? Est-ce que vous vous croyez nécessaire parce que vous avez la voix belle, et pouvez-vous me connoître et penser que la représentation d'*Athalie* l'emportera sur les réglements que nous

voulons établir à Saint-Cyr ? Non, certainement.
et vous sortirez de la maison si j'entends encore
parler de vous [1]. »

C'est le plus souvent aux bleues, à ces bleues
autrefois si sages, que l'Institutrice adresse ainsi
des reproches. C'est parmi elles en effet que se
recrutait presque exclusivement le personnel de
la tragédie. Or, ces jeunes chanteuses, encore
tout enivrées des succès du théâtre, ne voulaient
pas, comme elles disaient, gâter leur voix avec
du latin, et refusaient, à l'église, de chanter les
psaumes.

« N'avez-vous donc de voix que pour le monde.
leur écrivait Madame de Maintenon, et refusez-
vous de consacrer à Dieu les dons qu'il vous a
donnés ? N'est-ce que l'attrait du théâtre et des
louanges qui vous faisait célébrer dans les chœurs
de Racine, avec tant de plaisir, les bienfaits et
la puissance du Seigneur ? »

Ces réflexions amenèrent Madame de Maintenon à remanier et à modifier profondément son
œuvre, et en cela elle alla trop loin. Elle interdit toute lecture profane, tout exercice littéraire, et fit succéder, dans l'éducation de Saint-

[1] *Lettres sur l'Éducation*, page 70.

Cyr, à un excès de culture et de politesse, un excès de simplicité et d'ignorance. Madame de Maintenon eut tout à coup la haine des livres. « Il y a, dit-elle dans ses instructions aux Dames, des livres mauvais par eux-mêmes, tels que sont les romans, parce qu'ils ne parlent que de vices et de passions; il y en a d'autres qui, sans l'être autant, ne laissent pas d'être dangereux aux jeunes personnes, en ce qu'ils peuvent les dégoûter des livres de piété, et qu'ils enflent l'esprit, comme par exemple l'histoire romaine ou l'histoire universelle, du moins celle des temps fabuleux. »

Nous sommes bien loin, ce semble, des vues et des intentions premières de la fondatrice de Saint-Cyr. Cette noble maison qui devait s'élever si fort au-dessus des couvents, ne sera bientôt plus elle-même qu'un couvent. On enseignera aux jeunes filles l'humilité, la simplicité, la piété, et pas autre chose. On multipliera les exercices de dévotion et les travaux manuels, afin de les préparer, suivant les cas, aux soins du ménage ou à la pratique de la vie religieuse.

Madame de Maintenon, qui est pour le moins aussi savante que Philaminte, en vient à rai-

sonner comme Chrysale. Volontiers elle dirait
avec lui :

> Qu'il n'est pas bien honnête et pour beaucoup de causes,
> Qu'une femme étudie et sache tant de choses.
> Former aux bonnes mœurs l'esprit de ses enfants,
> Faire aller son ménage, avoir l'œil sur ses gens,
> Et régler la dépense avec économie,
> Doit être son étude et sa philosophie.

Cela est plein de sens, assurément, mais d'un
sens trop peu élevé, trop bourgeois. La vérité
est entre Philaminte et Chrysale ; elle est dans
la bouche de Clitandre, le sage de la comédie,
qui consent qu'une femme « ait des clartés de
tout, » mais à la condition de paraître ignorer
parfois les choses qu'elle sait :

> Sans citer les auteurs, sans dire de grands mots,
> Et clouer de l'esprit à ses moindres propos.

Madame de Maintenon voulut combattre cette
manie de l'esprit, du bel esprit qui régnait à
Saint-Cyr et qu'elle avait elle-même provoquée.
Il fallut brûler ce qu'on avait adoré. « On écrit
trop à Saint-Cyr, disait-elle, on ne peut trop en
désaccoutumer nos Demoiselles. Il vaut mieux
qu'elles n'écrivent pas si bien que de leur donner le goût de l'écriture, qui est si dangereux
pour des filles... Ne leur montrez plus de vers ;

tout cela élève l'esprit, excite l'orgueil, leur fait goûter l'éloquence et les dégoûte de la simplicité ; je parle même de vers sur de bons sujets ; il vaut mieux qu'elles n'en voient point. »

Mademoiselle de Scudéry avait composé pour Saint-Cyr, à la prière de Madame de Maintenon, des conversations morales qui sont loin de valoir celles que Madame de Maintenon fit elle-même. On y remarque une afféterie qui n'eût pas été d'un bon exemple. Ces conversations furent prêtes et arrivèrent lorsque la réforme était déjà commencée. Madame de Maintenon en interdit, bien entendu, l'usage. « Ne leur apprenez point, écrit-elle à madame de la Maisonfort, en septembre 1691, les conversations que j'avois demandées ; laissez tomber toutes ces choses-là sans en rien dire, et que tout soit conduit par la piété. »

Malheureusement, on confondit dans une même réprobation les bons et les mauvais livres ; on confisqua tous les manuscrits sur quelque matière que ce fût ; on proscrivit même pendant un temps des exercices de la classe *Esther* et *Athalie*, et l'on se borna à des instructions fort simples sur des sujets pieux.

Après plusieurs mois de ce régime, madame

de Saint-Etienne, première maîtresse des jaunes, écrivait à Madame de Maintenon : « Consolez-vous, madame, nos filles n'ont plus le sens commun. »

CHAPITRE IX

RÉFORME DE LA MAISON DE SAINT-LOUIS

La réforme n'atteignit pas seulement les Demoiselles ; elle s'étendit aux Dames, dont la
conduite et les mœurs n'avaient certes pas besoin d'être réformées. Le nouvel évêque de Chartres, Godet des Marais, que nous avons signalé
déjà parmi les adversaires les plus déclarés du
théâtre, fut l'âme de la réforme. On le disait
suscité par Dieu pour le salut de Saint-Cyr.
C'était un prêtre d'une grande piété, instruit,
zélé, dévoué à ses devoirs, mais d'une sévérité
de principes excessive.

« Il avoit, dit Saint-Simon, un extérieur de
cuistre.... une longue figure malpropre, déchar-
née, toute sulpicienne.... On le prenoit pour un
homme sans monde, sans talents, de peu d'esprit et court de savoir, que le hasard de Saint-
Cyr établi dans son diocèse avoit porté où il
étoit, noyé dans ses fonctions, et sans autre appui ni autres connoissances.

» Ce prélat, continue Saint-Simon, n'étoit rien
moins que ce qu'on s'en figuroit. Il étoit fort
savant, et surtout profond théologien; il y joignoit
beaucoup d'esprit, de la douceur, de la fermeté,
même des grâces, et, ce qui étoit le plus surprenant dans un homme qui n'étoit jamais sorti de
la profondeur de son métier, il étoit tel pour
la Cour et pour le monde, que les plus fins courtisans auroient eu peine à le suivre, et auroient
eu à profiter de ses leçons ; mais c'étoit en lui un
talent enfoui pour les autres, parce qu'il ne s'en
servoit jamais sans de vrais besoins. »

Avant d'être appelé à l'évêché de Chartres,
Godet des Marais était prêtre de Saint-Sulpice.
Il prêchait, confessait, catéchisait, dirigeait, allait
visiter les malades et les prisonniers, donnait
tout son bien aux pauvres. Il se laissa difficile-
ment arracher à sa solitude.

Lorsqu'on vint le chercher de la part de Madame de Maintenon, on le trouva dans une petite
chambre sans feu, n'ayant pour tous meubles
qu'un méchant lit, une chaise de paille, un pu-
pitre sur lequel il méditait et priait, une carte
de Jérusalem attachée à la muraille, et un clavecin dont il jouait quelquefois pour se délasser
l'esprit.

Dès qu'il fut le « diocésain de Saint-Cyr, » il songea à obtenir du Pape l'érection de la maison en monastère régulier, et l'obtint en effet, à la grande satisfaction de Madame de Maintenon, et avec l'agrément moins empressé du Roi. A partir de ce moment, les dames de Saint-Louis ne furent plus que d'humbles religieuses augustines, vouées à la pénitence, à la pauvreté, et soumises à une règle étroite. On multiplia les épreuves du noviciat, et l'on substitua aux vœux simples des vœux solennels. Voici, d'après le Père Hélyot, quelques-unes des formules employées à Saint-Cyr dans la cérémonie de la vêture :

Le célébrant, assis devant la grille du chœur, et s'adressant à la postulante, disait : « Ma fille, que demandez-vous ? »

La Postulante. — « Je demande très-humblement la grâce que j'ai déjà demandée au Seigneur de pouvoir habiter dans cette maison de Dieu tout le reste de ma vie. »

Le Célébrant. — « Vous devez savoir que pour être reçue dans cette sainte maison, il faut être dans la résolution de renoncer tout-à-fait au monde et à vous-même, de porter tous les jours votre croix à la suite de Jésus-Christ, et de consacrer toute votre vie à l'éducation chrétienne des jeunes personnes qui sont renfermées ici. Êtes-vous dans la volonté d'accomplir tous ces devoirs, et persévérez-vous dans la demande que vous avez faite ? »

La Postulante. — « Me confiant en la miséricorde de Dieu et aux mérites de Jésus-Christ, mon Sauveur, j'espère pouvoir accomplir ce qui vient de m'être représenté, et je continue à faire très-humblement la même demande que j'ai faite. »

Le Célébrant. — « Que Notre-Seigneur Jésus-Christ, qui vous a inspiré ces bons sentiments, vous donne la force de les soutenir, et que la grâce achève en vous l'ouvrage que la miséricorde y a commencé. »

Puis venaient les oraisons, la bénédiction des habits, les formules de la profession et des vœux.

A la fin de la cérémonie, la postulante, ayant revêtu les habits de religion, allait se mettre sous le drap mortuaire ; pendant ce temps on chantait le *De profundis* ; et, lorsqu'elle était relevée, le célébrant lui disait :

« Vous devez comprendre, ma fille, par cette dernière cérémonie et par les prières dont elle est accompagnée, qu'en vertu de la profession sainte que vous avez faite, il faut que vous vous

regardiez désormais comme véritablement morte
au monde, et engagée à vivre uniquement pour
Dieu. »

Parmi les nouvelles dames de Saint-Louis qui
furent soumises à ce lugubre cérémonial, nous
retrouvons trois des principales actrices d'*Esther*,
mesdemoiselles de Glapion, de Champigny et de
Beaulieu, qu'on appelait les belles voix de Saint-
Cyr. Nous savons, par les Mémoires des Dames,
que Racine assista à ces prises de voiles, et qu'il
y « fondit en larmes. » On connaît le mot de
Madame de Maintenon : « Racine, qui veut pleurer, ira à la profession de la sœur Lalie. » Au
reste, il paraît bien que le poëte, remis de son
premier désappointement, avait lui-même approuvé la réforme de Saint-Cyr. Les portes de la
maison lui étaient restées ouvertes, et il venait
souvent « s'humilier au pied de l'autel dans ce
dernier théâtre de sa gloire. »

Cependant, les changements survenus à Saint-
Cyr avaient eu leur contre-coup au dehors, et le
zèle des réformateurs menaçait la Cour elle-même.
Bossuet, dans son livre des *Maximes et Réflexions sur la Comédie*, publié en 1694, avait
hautement condamné les spectacles, et son opinion prise à la lettre était sur le point de faire

loi. La princesse Palatine, dont le témoignage
d'ailleurs ne saurait être invoqué sans de grandes réserves, fait allusion dans sa correspondance à ces tentatives de réforme. Elle s'en
prend à Madame de Maintenon, qu'elle déteste,
et à qui elle prodigue, suivant sa coutume, les
épithètes les plus grossières :

« Nous avons failli, dit-elle (22 décembre 1694),
n'avoir plus de comédie. La Sorbonne, pour
plaire au Roi, a voulu la faire défendre ; mais
l'archevêque de Paris et le Père de La Chaise
doivent avoir dit au Roi que ce seroit trop dangereux (de bannir les divertissements honnêtes)
parce que cela pousseroit la jeunesse à plusieurs
vices abominables. Ainsi, Dieu soit loué ! la
comédie nous reste. Cela contrarie extrêmement,
à ce qu'on assure, la *vieille ratatinée* (Madame
de Maintenon), attendu que c'étoit elle qui pous-
soit à la suppression de la comédie. Elle doit
même avoir fait, à ce sujet, de grandes menaces
à l'archevêque de Paris et au confesseur. Quant
à moi, tant qu'on ne supprimera pas entièrement
la comédie, on aura beau faire déblatérer les
prédicateurs contre elle, je continuerai d'y
aller. »

Les accusations de la Palatine ne valent pas

la peine d'être discutées. Quand il s'agit de Madame de Maintenon, son vocabulaire d'injures est inépuisable. Mais ses plaintes, bien que fort exagérées, n'étaient pas alors sans fondement, et Madame de Maintenon, qui dirigeait tout à la Cour, avait dû s'y montrer, après les derniers événements de Saint-Cyr, peu favorable aux spectacles. La Palatine ne fait probablement qu'exprimer par ses clameurs l'inquiétude qui régna un instant autour d'elle. Cette inquiétude dura peu : dès l'hiver suivant, la Cour reprit ses divertissements ordinaires, et la comédie y tint comme toujours une grande place.

CHAPITRE X

RETOUR A LA TRAGÉDIE. — ATHALIE
· A LA COUR

On avait obtenu à Saint-Cyr le résultat qu'on
souhaitait ; on ne pouvait aller plus avant dans
la réforme ; on revint peu à peu en arrière.

« L'intention de Madame de Maintenon n'étoit
pas, disent les Mémoires de Saint-Cyr, qu'on
tînt toujours les Demoiselles dans ce grand
abaissement, et elle prit ensuite le milieu entre
donner trop de matière à l'orgueil et les laisser
dans la grande ignorance où sont les filles qui
n'ont rien vu qu'un couvent, ou rien entendu que
des leçons de catéchisme ou la Vie des Saints. »
Au reste, dès le premier jour, Madame de Maintenon prêchant la réforme aux dames de Saint-
Louis, leur écrivait : « Il faut nous jeter dans
l'extrémité pour nous retrouver dans le milieu. »

Les exercices littéraires furent repris, d'abord
modérément, puis avec moins de réserve ; et, si

l'on ne rouvrit pas immédiatement le théâtre, on rétablit du moins comme autrefois l'usage des tragédies dans les classes. Madame de Maintenon les faisait réciter devant elle, et souvent même, elle amenait pour les entendre quelques dames de la Cour choisies dans son entourage intime. Voici un charmant billet d'elle qui nous renseigne agréablement sur ce point :

« Mesdames les marquises de Dangeau, d'Heudicourt et de Montgon veulent-elles manger demain ensemble dans le lieu qu'il leur plaira ; en partir à une heure pour Saint-Cyr, se rendre à la classe bleue, y voir jouer *Esther*, ne s'y point moquer de plusieurs vilains visages qui jouent et qui chantent, aller ensuite prier Dieu, et de là à Marly ? Mon carrosse, dont je n'ai que faire, attendra leur ordre ; elles le renverront de Saint-Cyr. Elles m'apporteront six bouteilles d'hypocras pour nos actrices, que M. Léger mettra entre leurs mains. Si tout cela ne leur convient pas, nous le remettrons à un autre jour. »

Les Mémoires de Saint-Cyr mentionnent également ces représentations dans la classe bleue : « Mais, disent les Dames, on ne jouoit plus du tout avec l'appareil qu'on avoit fait ci-devant

à *Esther*, ni en autre habit que celui de Saint-
Cyr, à quoi Madame de Maintenon ne vouloit
pas qu'on ajoutât des ornements extraordinaires,
disant qu'il ne falloit qu'un assortiment simple
à un habit aussi simple qu'est celui des Demoiselles, et qu'il étoit de mauvais goût d'en user
autrement. Cela n'empêche pas que quand elles
ne jouent qu'entre elles ou devant la communauté, on leur souffre de se parer plus qu'à
l'ordinaire, et de mettre les diamants qui sont
restés de la tragédie d'*Esther*. Madame de
Maintenon n'a pas désapprouvé qu'on eût cette
complaisance pour leur jeunesse. »

Louis XIV fit quelquefois venir à la Cour les
meilleures actrices de Saint-Cyr pour réciter
devant lui ces beaux vers de Racine, qu'il ne
pouvait se lasser d'entendre. « Elles y alloient,
disent les Mémoires, dans les carrosses du Roi,
bien accompagnées, et Madame de Maintenon
étoit fort attentive, lorsqu'elles étoient arrivées,
à les mettre entre les mains de gens sûrs pour
veiller à leur conduite. Pendant qu'elles étoient là,
ils avoient ordre de se tenir près d'elles et d'empêcher que personne se mêlât trop en leur
compagnie, afin qu'elles fussent aussi bien gardées qu'elles le pouvoient être hors de Saint-Cyr.

» Elles jouèrent leur pièce dans l'appartement de Madame de Maintenon, en présence du Roi, des princes du sang et de plusieurs personnes de la première qualité, sans autre parure que leur habit ordinaire qui étoit propre et mis de bon goût. Celles qui restoient ici donnèrent en cette occasion des marques de la noblesse de leurs sentiments ; car, sans porter envie à celles qui alloient à Versailles et qui étoient de la tragédie, elles se dépouillèrent de tout ce qu'elles avoient de plus neuf en habits, gants, rubans, etc., et le prêtèrent à leurs compagnes, se faisant un plus · grand plaisir de les parer et de faire par là honneur à la maison que si c'eût été elles-mêmes ; elle demeuroient ici fort mal vêtues ces jours-là, sans s'en souvenir ; au retour, elles s'empressoient bien davantage à prendre part aux applaudissements qu'avoient eus leurs compagnes, qu'à reprendre ce qu'elles avoient prêté... On alla ainsi à Versailles en différents temps, tantôt pour *Athalie*, tantôt pour *Esther*, puis encore pour *Jonathas*, dont un nommé M. Duché étoit l'auteur. »

Boileau assista à l'une de ces représentations d'*Athalie*, et s'empressa d'écrire à Racine pour l'en informer et lui en exprimer sa satisfaction.

« En arrivant à Versailles, dit-il, j'ai joui d'une merveilleuse bonne fortune ; j'ai été appelé dans la chambre de Madame de Maintenon pour voir jouer devant le Roi par les actrices de Saint-Cyr votre pièce d'*Athalie*. Quoique les élèves n'eussent que leurs habits ordinaires tout a été le mieux du monde et a produit un grand effet. Le Roi a témoigné être ravi, charmé, enchanté, ainsi que Madame de Maintenon. Pour moi, trouvez bon que je vous répète que vous n'avez pas fait de meilleur ouvrage. »

L'éducation de la jeune duchesse de Bourgogne qui se fit vers cette époque et en grande partie à Saint-Cyr, fut encore l'occasion de nombreux divertissements, et acheva de réhabiliter la tragédie.

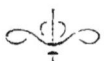

CHAPITRE XI

DÉBUTS DE LA DUCHESSE DE BOURGOGNE
DEMOISELLE DU RUBAN ROUGE

Adélaïde de Savoie, venue en France dès l'âge de neuf ans, avait été présentée à Fontainebleau le 5 novembre 1696. Elle était si petite, à en croire Saint-Simon, que lorsqu'elle s'avança dans la cour du château, à côté de Louis XIV qui la conduisait par la main, on ne l'aperçut pas tout d'abord, et l'on crut que le Roi l'avait tirée de sa poche.

Le premier soin de madame de Maintenon fut de la mener à Saint-Cyr, où on lui avait préparé une réception solennelle et où elle fut pour cette fois seulement traitée en princesse. Les Mémoires des Dames, qui n'abondent pas en descriptions, laissent deviner ici, à travers l'insuffisance des détails, un tableau charmant. On voit cette toute petite fille, vêtue comme les Infantes de Velasquez, d'une lourde robe de brocart d'argent à long

corsage, dont la queue était soutenue derrière elle
par la duchesse du Lude et la comtesse de Mailly.
La communauté, en manteau de chœur, la reçut à la porte de clôture, et la Supérieure lui fit
un compliment. Toutes les Demoiselles étaient
rangées sur son passage. On la conduisit d'abord
à l'église, puis on lui fit visiter processionnelle-
ment toute la maison. Elle s'arrêta quelque
temps aux classes où des enfants de son âge
jouèrent une conversation ingénieuse préparée et
apprise pour la circonstance.

La princesse était bonne, intelligente et gra-
cieuse : elle plut infiniment aux Dames et aux
élèves, et fut elle-même enchantée de sa visite.
Madame de Maintenon décida qu'elle vien-
drait trois fois par semaine à Saint-Cyr ; et cela
se fit régulièrement jusqu'à son mariage. On
l'amenait dès le matin; elle partageait les travaux et les jeux des Demoiselles et portait ordinairement l'uniforme de la maison, avec les distinctions de la classe rouge. Elle voulut, pour
mieux cacher son rang, qu'on l'appelât à Saint-
Cyr mademoiselle de Lastic. C'était le nom d'une
ancienne élève devenue carmélite, celle-là même
qui avait été si fort applaudie, au temps d'*Esther*,
dans le rôle d'Assuérus.

La duchesse de Bourgogne eut pour compagnes
préférées mesdemoiselles d'Aubigné et d'Osmond.
Mademoiselle d'Aubigné, la future comtesse
d'Ayen, la nièce bien aimée de Madame de Maintenon, avait alors treize ans. Elle était élevée à
Saint-Cyr, mais non pas tout-à-fait sur le même
pied que les élèves ordinaires. Elle habitait au
premier étage de la maison, près de la bibliothèque et du parloir de la Supérieure, un petit
logement composé de « deux chambres parque-
tées et lambrissées, meublées de plusieurs lits et
autres meubles [1]. » D'ailleurs, sauf cette légère
distinction, Madame de Maintenon n'admettait
pour sa nièce aucun privilége. Elle l'avait accou-
tumée de bonne heure à la simplicité, à la modestie, à une extrême piété. C'était pour la duchesse de Bourgogne une amie sérieuse et
utile.

Mademoiselle d'Osmond, plus jeune, plus vive,
plus gaie, d'un caractère plus conforme à celui
de la princesse, était une de ces élèves méri-
tantes que Madame de Maintenon s'attachait
comme demoiselles de compagnie ou comme

---

[1] Procès-verbal de la visite de la Maison de Saint-Louis faite
par Godet des Marais, évêque de Chartres en 1692. (Archives
de la préfecture de Seine-et-Oise.)

secrétaires. Nous avons eu l'occasion déjà de citer son nom ; nous avons parlé de son mariage
avec M. d'Havrincourt, et nous avons dit, en an-
ticipant sur l'ordre des faits, combien la duchesse de Bourgogne s'amusa à cette noce [1].

Moins de deux mois après son arrivée en
France, le 12 janvier 1697, la royale élève de
Saint-Cyr figurait pour la première fois dans une
représentation d'*Esther*. On lui avait donné,
nous dit Dangeau, le rôle d'une petite israélite.
Le Roi, Madame de Maintenon, la duchesse du
Lude assistèrent à ses débuts et y prirent un vif
plaisir. Il y eut, le 6 février suivant, une représentation d'*Athalie*, dans laquelle la princesse
ne figura point. Mais elle reparut dans *Esther*
le 30 février, et, dès lors elle eut toujours son
rôle dans les tragédies. Elle faisait partie de la
troupe.

Elle fut naturellement de celles qui jouèrent à
Versailles dans l'appartement de Madame de
Maintenon ; elle conservait en ces occasions l'habit et les rubans de la classe rouge. Plus tard,
lorsque l'étiquette la retint comme prisonnière
dans cette cour un peu triste des dernières années

---

[1] Chapitre I, page 9.

de Louis XIV, son goût pour les spectacles, et le
talent qu'elle avait acquis à Saint-Cyr lui devinrent une ressource contre l'ennui. Elle organisa
et dirigea les représentations, recruta les comédiens, distribua les rôles. Elle mit Versailles en
joie et en rumeur. Le vieux Roi, qui d'ordinaire
réglait tout chez lui, souriait et la laissait faire.
C'était une enfant gâtée. Saint-Simon ne tarit
pas sur ses gentillesses pleines d'esprit, son peu
d'embarras, ses grâces. « Le Roi, dit-il, en raf-
foloit, Madame de Maintenon en étoit ensor-
celée... Ils en firent leur poupée. Elle usurpa
bientôt avec eux une liberté que n'avoient jamais
osé tenter pas un des enfants du Roi, et qui les
charma. »

Cependant, la jeune princesse devenue actrice
eut bientôt toutes les qualités comme aussi tous
les défauts de l'emploi[1]. Elle connut les rivalités,

---

[1] Le duc de Luynes cite d'elle un mot bien vif, et qui est un
véritable propos d'actrice. L'anecdote est agréable et mérite
d'être reproduite ici : « On sait, dit-il, que personne n'avoit
plus que cette princesse le don de plaire quand elle vouloit, et
même le ton de galanterie ; une grande représentation, l'air
noble, de beaux yeux, parlant avec agrément et cherchant à
dire des choses obligeantes. Étant dans la galerie de Versailles,
et passant pour aller à la chapelle, elle aperçut dans le nombre des courtisans M. de la Fare, père de M. le marquis de
la Fare d'aujourd'hui, qui la regardoit avec grande attention et
parloit tout bas à un de ses amis. Elle appelle aussitôt celui à
qui La Fare venoit de parler, et lui dit qu'absolument elle vouloit savoir ce que la Fare lui avoit dit. L'un et l'autre furent

les jalousies, les dépits qui sont traditionnels au
théâtre ; tout cela réduit, bien entendu, à de
mignonnes proportions. Nous en trouvons une
trace curieuse dans la correspondance de Madame de Maintenon. Celle-ci n'avait pu s'empêcher d'intervenir à la fin, par une vieille habitude de gouvernante, dans les amusements de la
duchesse de Bourgogne. Elle fit construire, en
1702, dans son appartement, un théâtre semblable
à celui de Saint-Cyr, renouvela les décors et les
costumes d'*Athalie*, se procura un orchestre et
des chœurs et se chargea de faire elle-même la
répartition des rôles. C'est en cela surtout que
son intervention devint fâcheuse ; on en jugera
par la lettre suivante adressée au comte d'Ayen,
le mari de mademoiselle d'Aubigné [1].

« Voilà donc *Athalie* encore tombée ! Le mal-
heur poursuit tout ce que je protége et que
j'aime. Madame la duchesse de Bourgogne m'a

---

très-embarrassés de la question. La Fare supplia Madame la
duchesse de Bourgogne de vouloir bien lui permettre de ne pas
satisfaire sa curiosité ; enfin, elle lui dit si absolument qu'elle
le vouloit, qu'il fallut bien obéir. La Fare étoit un homme de
plaisirs : « Je disois donc, Madame, lui dit-il, que si vous étiez
une fille de l'Opéra, j'y mettrois jusqu'à mon dernier sol. » Quelque temps après, Madame la duchesse de Bourgogne retrouva
la Fare ; elle l'appela, et lui dit : « La Fare, j'entre à l'Opéra
la semaine prochaine. »

[1] Plus tard duc et maréchal de Noailles.

dit qu'elle ne réussiroit pas ; que c'étoit une pièce fort froide; que Racine s'en étoit repenti ; que j'étois la seule qui l'estimoit, et mille autres choses qui m'ont fait pénétrer, par la connoissance que j'ai de cette cour-là, que son personnage lui déplaît. Elle veut jouer Josabeth qu'elle ne jouera pas comme la comtesse d'Ayen ; elle fera pourtant tout ce que je voudrai. Je lui ai répondu que ce n'étoit pas à elle de se contraindre dans un divertissement que je n'avois imaginé que pour elle. Elle est ravie et trouve *Athalie* merveilleuse. Jouons-là puisque nous y sommes engagés, mais, en vérité, il n'est point agréable de se mêler des plaisirs des grands. Vous faites aussi ces choses-là trop parfaites, trop magnifiques, trop dépendantes d'eux. L'année prochaine nous prendrons un autre tour. En attendant, il faudra que la comtesse d'Ayen fasse Salomith; car, sans compter ce que l'on doit à madame de Chailly [1] qu'on fait venir pour jouer Athalie, je ne puis me résoudre à voir la comtesse d'Ayen jouer la furieuse. Bonsoir, mon cher neveu ; nous nous étions promis des plaisirs, et voilà des dégoûts. Je ne sais

---

[1] Ancienne élève de Saint-Cyr. Elle s'appelait mademoiselle de Mornanville, avait été, comme mademoiselle d'Osmont, secrétaire de Madame de Maintenon, et avait épousé, en quittant la maison, le président de Chailly.

comment étoit le monde avant moi ; mais depuis
que je le connois, il est bien comme cela. »

Tout s'arrangea pourtant ; la comtesse d'Ayen
céda de bon cœur son rôle à sa jeune amie, qui,
ainsi que nous le verrons plus loin, s'en acquitta
à merveille. Il y eut trois représentations consé-
cutives d'*Athalie*. Dangeau parle de la première
en ces termes :

« *Du mardi 14, à Versailles.* — Madame la
duchesse de Bourgogne alla hier au bal chez
madame du Maine, et aujourd'hui elle a joué
chez Madame de Maintenon *Athalie* (rôle de Josabeth). Le Roi y vint à deux différentes re-
prises ; mais il n'y put pas demeurer toujours,
parce qu'il avoit beaucoup à travailler avec
M. de Pontchartrain. »

Dangeau mentionne sans aucun détail les représentations du 23 et du 25 février qui furent
cependant très-brillantes. En voici, d'après le
Mercure galant, le compte-rendu complet :

« On a joué à la Cour l'*Athalie* de M. Racine
avec tous les ornements et les chœurs, mis
en musique depuis longtemps par M. Moreau, qui
avoit fait ceux d'*Esther*. Ces chœurs ont été
parfaitement bien exécutés par les demoiselles
de la musique du Roi. Madame la duchesse de

Bourgogne a joué Josabeth avec toute la grâce
et tout le bon sens imaginable, et quoique son
rang pût lui permettre de faire voir plus de har-
diesse qu'une autre, celle qu'elle a fait paroître,
seulement pour marquer qu'elle étoit maîtresse
de son rôle, a toujours été mêlée d'une certaine
timidité que l'on doit plutôt nommer modestie que
crainte. Les habits de cette jeune princesse
étoient d'une grande magnificence. Monsieur le
duc d'Orléans a parfaitement bien joué le rôle
d'Abner, et avec une intelligence que l'on n'at-
trape que lorsque l'on a beaucoup d'esprit ; M. le
comte d'Ayen a joué Joad et madame la comtesse
sa femme Salomith. Ceux qui les connoissent
sont persuadés qu'ils ont très-bien rempli ces
deux rôles. Quand on a de l'esprit infiniment, on
réussit dans tout ce qu'on veut se donner la
peine d'entreprendre.

» Madame la présidente de Chailly s'est fait admirer dans le rôle d'Athalie. M. le comte de l'Es-
parre, second fils de M. le duc de Guiche, qui
n'a que sept à huit ans, a charmé dans le personnage du jeune roi Joas ; M. de Champeron,
qui est encore fort jeune, a fort bien réussi dans
le rôle du fils du grand-prêtre, et celui du grand-
prêtre a été joué par le sieur Baron, qui, au

sentiment de tous ceux qui l'ont vu, n'a jamais
joué avec plus de force. »

Ces représentations, malgré leur éclat, n'eurent qu'un nombre très-restreint, mais aussi
très-choisi de spectateurs. Il n'y avait place,
nous dit Saint-Simon, que pour quarante personnes. Nous retrouvons sur la scène trois de
nos actrices de Saint-Cyr : la duchesse de Bourgogne, mademoiselle d'Aubigné, maintenant
comtesse d'Ayen [1], et mademoiselle de Mornanville, devenue la présidente de Chailly.

On donna encore sur le théâtre de la Cour,
pendant le carnaval de 1702, l'*Absalon* de Duché,
et une jolie comédie de Jean-Baptiste Rousseau,
la *Ceinture magique*, dont le duc d'Orléans avait

---

[1] Il n'est pas sans intérêt de donner ici, à titre de renseignement biographique, un court extrait du contrat de mariage de
mademoiselle d'Aubigné, dont l'original existe aux archives de
la préfecture de Versailles. Le préambule du contrat est extrêmement curieux. L'acte est fait « de l'agrément du Roy et de
tous les membres de la famille royale qui l'ont signé... par lequel Sa Majesté *voulant donner à la Dame Marquise de Maintenon des marques de la considération particulière qu'il a pour
elle, et suppléer par ses libéralités en faveur de ladite Demoiselle
future épouse à ce que ladite Dame, sa tante, feroit elle-même, si
le trop de désintéressement dont elle a toujours fait profession ne
la mettoit hors d'estat, par son peu de bien d'en faire à d'autres...
donne à la future épouse...* etc. » Suit le détail de la dot: 800,000
livres d'argent comptant, et pour plus de 200,000 livres de
pierreries. Le Roi donnait, en outre, au comte d'Ayen les gou-
vernements de Roussillon, Conflans et Cerdagne et la ville et
citadelle de Perpignan. Une clause du contrat assurait à la
maison de Saint-Cyr, en cas de décès, sans enfants, de la comtesse d'Ayen, la plus grande partie de sa dot.

fourni l'idée et qui fut improvisée en douze heures. Enfin, le *Mercure* dit que l'on ajouta à la troisième représentation d'*Absalon* les *Précieuses ridicules* de Molière.

Cependant, le théâtre de Saint-Cyr, transporté à Versailles par la duchesse de Bourgogne, était sur le point de renaître à Saint-Cyr même. Le zèle des réformateurs s'était depuis longtemps refroidi. On a vu que Madame de Maintenon, après avoir tout d'abord interdit d'une façon absolue les spectacles, en avait bientôt rétabli l'usage dans les classes, mais comme un simple exercice littéraire. « Renfermez, disait-elle, ces amusements dans votre maison, et ne les faites jamais en public, sous quelque prétexte que ce soit. Il sera toujours dangereux de faire voir à des hommes des filles bien faites et qui ajoutent des agréments à leurs personnes en faisant bien ce qu'elles représentent. N'y souffrez donc aucun homme, ni pauvre, ni riche, ni vieux, ni jeune, ni prêtre, ni séculier ; je dis même un saint s'il y en a sur la terre. » Madame de Maintenon revint encore sur cette défense. Le 23 février 1701, elle organisa elle-même, à Saint-Cyr, une représentation d'*Athalie* en l'honneur de M. d'Aubigné, évêque de Noyon, son parent. On dressa un théâtre dans le parloir ;

quelques dames de la Cour et les confesseurs de la
maison s'étaient joints au prélat. Les Demoiselles
jouèrent en habit de Saint-Cyr : il parut qu'elles
n'avaient pas trop oublié les leçons de Racine,
et toute la compagnie se montra fort satisfaite.

Le lendemain, Madame de Maintenon eut bien
quelques remords : « Je ne suis pas sans peine,
écrit-elle à la Supérieure, sur ce que nous fîmes
hier. Vous savez comment nous nous sommes
embarquées ; mais j'espère, et je vous en conjure,
que ce soit la dernière fois. »

Les malheurs publics qui attristèrent la fin du
règne de Louis XIV, les deuils successifs qui se
produisirent presque sans interruption dans la
famille royale, la mort surtout de cette charmante duchesse de Bourgogne, qui fut pour Saint-
Cyr une perte irréparable, toutes ces circonstances contribuèrent plus que les résolutions de
Madame de Maintenon à faire oublier et abandonner le théâtre. Pourtant, quelques années
plus tard, au mois de juin 1715, le Prince électeur de Saxe, Frédéric-Auguste, voyageant en
France sous le nom de comte de Lusace, demanda
et obtint que l'on jouât pour lui l'une des deux
tragédies. On choisit *Esther*. Mais une indispo-
sition, dont il fut pris au dernier moment, fit

contremander la représentation. Le Journal de Dangeau mentionne le fait en ces termes :

« *Dimanche 2 juin 1715, à Versailles.* — M. le comte de Lusace, qui a pris congé du Roi, avoit fort souhaité de voir Saint-Cyr, et Madame de Maintenon l'y attendoit aujourd'hui, où, après lui avoir montré la maison, elle lui préparoit un divertissement qui étoit de faire jouer la comédie d'*Esther* par les demoiselles de Saint-Cyr; mais la fièvre prit hier à ce prince, et il envoya un courrier à madame de Dangeau pour la prier de faire ses excuses; et en même temps il souhaite fort que l'honnêteté qu'avoit Madame de Maintenon de le vouloir bien recevoir à Saint-Cyr ne soit que différée, espérant que sa maladie n'aura pas de suite. »

Mais à peine le comte de Lusace fut-il rétabli, que Louis XIV tomba gravement malade. Le Roi mourut, comme on sait, au mois de septembre suivant. Dès lors, il fallut dire adieu pour longtemps aux représentations et aux fêtes. Madame de Maintenon s'enferma à Saint-Cyr pour pleurer et prier, et toute la maison pleura et pria avec elle.

Peu de temps après, l'on reprenait à la nouvelle cour *Esther* et *Athalie*, avec la troupe formée autrefois par la duchesse de Bourgogne.

Le Régent aimait ces tragédies, dans lesquelles il avait souvent joué son rôle; il voulut les revoir. Les représentations se firent tantôt à Versailles, tantôt à Sceaux, chez la duchesse du Maine, qui donnait en ce temps-là, sous le nom de *Nuits Blanches*, des fêtes restées célèbres.

Du vivant de Louis XIV, il avait été formellement défendu aux comédiens de représenter *Esther* et *Athalie* sur le théâtre public. Les priviléges imprimés en tête des éditions originales reconnaissent aux dames de Saint-Cyr la propriété exclusive de ces deux tragédies. « Ayant vu nous-même (c'est le Roi qui parle) plusieurs représentations dudit ouvrage dont nous avons été satisfait, nous avons aux dames de ladite communauté de Saint-Louis permis et accordé, par ces présentes, de faire imprimer ledit ouvrage, etc..., avec défense à tous acteurs et autres montant sur les théâtres publics d'y représenter ni chanter ledit ouvrage... »

Cette défense fut levée par le Régent en 1716, moins d'un an après la mort de Louis XIV. La première représentation publique d'*Athalie* eut lieu le 4 ou le 5 mars 1716 [1]. Dangeau mentionne

---

[1] Madame de Maintenon écrivait à ce propos : « Je suis

cet événement sans aucun commentaire; il n'est pas allé au théâtre; il croit pourtant savoir que la pièce a réussi. Le *Mercure* d'avril constate le succès en l'exagérant un peu. Deux actrices, la Desmares et la Duclos, Athalie et Josabeth, brouillées à mort pendant les répétitions, se donnaient la réplique avec une fureur qui convenait merveilleusement à leurs rôles. Un tout jeune enfant, fils du portier de la Comédie, se fit beaucoup applaudir dans le rôle d'Eliacin. Madame de Caylus vit cette représentation et regretta les actrices de Saint-Cyr. « Je crois, dit-elle, que M. Racine auroit été fâché de voir sa pièce aussi défigurée qu'elle m'a paru l'être par une Josabeth fardée, une Athalie outrée et par un grand prêtre (Beaubour) plus capable d'imiter les capucinades du petit père Honoré que la majesté d'un prophète divin. »

En effet, le succès ne se soutint pas. Les chœurs, l'orchestre, toute la partie lyrique et musicale avait été supprimée, à cause des difficultés de l'exécution. L'œuvre ainsi dépouillée de son prin-

étonnée de ce que M. le cardinal de Noailles ne s'oppose pas aux représentations d'*Athalie* par les comédiens. Vous croyez bien, Madame, qu'on le trouve très-mauvais à Saint-Cyr. › (Lettre à Madame de Dangeau publiée par La Beaumelle).

cipal agrément parut froide. *Esther* fut jouée de
même en 1721 par les acteurs de la Comédie et
n'eut que huit représentations.

CHAPITRE XII

LE THÉATRE DE SAINT-CYR AU XVIIIᵉ SIÈCLE

MARIE LECKZINSKA

Durant les premières années du XVIIIᵉ siècle, Saint-Cyr, oublié et délaissé, ne vivait plus guère que de souvenirs, et dans ces souvenirs Madame de Maintenon tenait la plus grande place. On appliquait religieusement ses préceptes, on relisait constamment ses écrits; elle n'avait pas cessé, après sa mort, de gouverner la maison.

Personne, au reste, dans la famille royale ne paraissait songer à lui succéder; le Régent, tout à la politique et aux plaisirs, ne témoigna jamais pour l'institut de Saint-Louis qu'une bienveillance officielle et banale. Quant à Louis XV, il marqua plutôt de l'éloignement que de la sympathie pour ces religieuses polies et instruites qui lui semblaient pédantes, et pour ces jeunes filles trop innocentes à son gré, élevées dans le mépris du monde et de la Cour.

En 1725, Louis XV épousa Marie Leckzinska,

fille de l'ancien roi de Pologne, Stanislas, détrôné par Pierre le Grand. Ce mariage fut le signal d'une renaissance pour Saint-Cyr, qui trouva dans la nouvelle reine une protectrice et une amie.

Trois jours après son arrivée à Versailles, Marie Leckzinska vint visiter la maison, « en grand habit, fort parée, disent les Dames, pour nous faire plus d'honneur et de plaisir. » On lui montra la chapelle, les parloirs, les classes, les jardins, puis on la reçut dans la salle de la Communauté, où elle entretint avec bonté les religieuses, leur promettant d'être leur supérieure, leur seconde fondatrice, et de remplacer auprès d'elles Madame de Maintenon. Il y avait longtemps qu'on n'avait entendu à Saint-Cyr un pareil langage. On se jeta aux pieds de la Reine, on la remercia avec effusion; toute la maison fut dans la joie.

Marie Leckzinska tint parole. Elle retourna très-souvent à Saint-Cyr, elle y eut même un appartement où elle venait faire ses retraites. Nous savons par les registres de dépenses des dames de Saint-Louis que l'appartement de la Reine était meublé et entretenu aux frais de la Communauté, qui pourvoyait également à l'installation de la suite et des équipages royaux.

Saint-Cyr, au moins dans les commencements, ne fut pour Marie Leckzinska qu'un lieu de repos et de prière, un asile contre les fatigues et les ennuis de la Cour ; si bien que la protection qu'elle en reçut valut mieux tout d'abord que celle qu'elle put lui donner. Elle était sans crédit auprès du Roi et n'avait aucune autorité sur les ministres. Elle obtint pourtant de Louis XV le droit d'établir elle-même la liste des jeunes filles admises chaque année à Saint-Cyr, et, du cardinal de Fleury, le rétablissement du fonds destiné à la dot des Demoiselles.

Marie Leckzinska ne manquait ni de sens ni d'esprit, mais elle avait peu de culture et n'était nullement curieuse des choses littéraires. Ainsi, quoiqu'elle entendît parler chaque jour de l'ancien théâtre de Saint-Cyr et de la magnificence de ces représentations dont la France entière avait retenti ; quoiqu'elle pût d'un mot ressusciter tout cela, ce fut seulement en 1731, six ans après sa première visite à Saint-Cyr, qu'elle eut l'idée de faire jouer *Esther*. Il faut dire aussi que la plupart des anciennes dames de Saint-Louis alors survivantes avaient conservé, depuis la réforme de leur maison, une grande répugnance pour les spectacles. Telle était entre autres madame du

Pérou, l'auteur des Mémoires, qui mentionne
avec assez de mauvaise humeur cette représentation de 1731. Mais la Supérieure, madame de Li-
nemare, était favorable à la tragédie ; madame de
Veilhan, madame de Champigny, madame Lefranc
de Beaulieu, anciennes actrices formées par Racine, et qui occupaient alors les premières charges
de l'Institut, furent ravies d'enseigner à leurs
élèves les rôles qu'elles avaient tenus avec tant
de succès dans leur jeunesse.

On dressa un théâtre dans la classe bleue avec
des gradins circulaires pour les Demoiselles. La
Reine et les spectateurs devaient se placer au
centre, suivant la disposition du théâtre primitif.
Les Mémoires de Saint-Cyr citent les noms des
principales actrices: mademoiselle de Loubert,
nièce d'une ancienne supérieure de la maison, fit
Esther; mademoiselle de Gentien, Assuérus ; mademoiselle Hurault de Saint-Denis, Zarès, etc. [1]
Elles jouèrent avec l'habit de Saint-Cyr, orné de
quelques dentelles et de quelques diamants.

Ces nouvelles actrices ne furent pas indignes
de leurs devancières, et tout le monde se montra
charmé ; seule, la Reine parut s'ennuyer mortel-

[1] Mesdemoiselles de Gentien et de Saint-Denis quittèrent
Saint-Cyr en 1732.

lement. « Nous n'en fûmes pas fâchées, écrit madame du Pérou, à cause de l'inconvénient qu'il y
a de donner nos Demoiselles en spectacle. »

Marie Leckzinska ne redemanda pas de longtemps la tragédie ; mais elle ne cessa point de
venir à Saint-Cyr pour ses dévotions et ses retraites ; elle assistait au salut presque chaque dimanche et tenait à donner elle-même le voile aux
Demoiselles qui entraient en religion.

CHAPITRE XIII

DIVERTISSEMENTS
POUR LE DAUPHIN, LA DAUPHINE
ET MADAME DE POMPADOUR

Nous ne trouvons, ni dans les Mémoires des Dames, ni dans les pièces des Archives, aucune trace du théâtre jusqu'en 1745. Mais il est certain qu'on récitait toujours *Esther* et *Athalie* dans les classes. On exécutait même les chœurs, et chaque année, pendant le carnaval, on donnait des réprésentations complètes à huis-clos.

Le 13 mars 1745, quelques jours après leur mariage, le Dauphin, fils de Louis XV, et la Dauphine sa femme, fille de Philippe V, roi d'Espagne, vinrent à Saint-Cyr. Ce fut une grande fête pour la maison. On joua sur le théâtre de la classe bleue, l'*Idylle de Saint-Cyr*, scène lyrique dont le Roy avait écrit les paroles et Clérambault la musique.

Le duc de Luynes, qui remplace pour nous

11

Dangeau, mentionne avec quelques détails cette visite de la Cour.

» Hier samedi, écrit-il, Monseigneur le Dauphin et Madame la Dauphine furent à Saint-Cyr; ils avoient dû y aller jeudi : une petite indigestion qu'eut M. le Dauphin avoit retardé le voyage.

» Il y avoit dans le carrosse de Madame la Dauphine madame de Lauraguais et madame de Tessé, madame de Rubempré et madame de Faudoas. Il y avoit aussi des dames dans le second carrosse. M. de Rubempré et M. de la Fare étoient dans le carrosse des écuyers avec M. l'abbé de Sailly, aumônier de quartier, et M. de Larivoire, écuyer cavalcadour. Monseigneur le Dauphin étoit accompagné de ses Menins. Saint-Cyr est du diocèse de Chartres. M. l'évêque de Chartres [1] y reçut M. le Dauphin et Madame la Dauphine. Il y eut salut avec un petit motet, ensuite un divertissement en musique dans la maison. Les paroles, qui sont de Roy, avoient été faites pour Madame la Dauphine. La musique est de Clérembault, fameux organiste; c'est un duo avec des chœurs, dont on fut fort content. Cet ouvrage s'appelle l'Idylle de Saint-Cyr [2]. »

---

[1] Charles-François des Monstiers de Mérinville, mort le 10 mai suivant.
[2] Luynes, VI, 356-7.

L'*Idylle de Saint-Cyr*, dont la bibliothèque de
Versailles ne possède pas un exemplaire complet,
mais qu'on retrouve publiée en entier dans le
Mercure de France [1], est une petite scène
lyrique assez agréable; on y remarque ces vers
à l'adresse de la jeune princesse :

> Que le Père et l'Epoux la couvrent de leur gloire !
> Que le plus tendre amour prévienne ses souhaits !
> Qu'elle dorme au sein de la paix !
> Qu'elle s'éveille au bruit de la victoire !

« Madame la Dauphine, dit le *Mercure*, parut
étrangement touchée de cette représentation.
Monseigneur le Dauphin lui présenta l'auteur,
qui fut comblé de louanges.

» Le soir même, M. Roy alla faire hommage
de cette idylle, et de son succès à la Reine, et le
lendemain au Roi, étant présenté par M. le
Maréchal de Noailles, qui s'intéresse puissam-
ment à tout ce qui regarde Saint-Cyr.

» Le mardi, il eut l'honneur de lire à la Reine le
dernier des trois ballets qu'il avoit préparés pour
le mariage de Monseigneur le Dauphin. »

Roy, fort connu de son temps, aujourd'hui

---

[1] Volume de février 1745, page 183. Ce volume du *Mercure*
est évidemment anti-daté, puisqu'il donne en février les nouvelles du mois suivant. On trouvera l'*Idylle de Saint-Cyr* reproduite ci-après dans l'Appendice.

oublié, paraît avoir été le poète officiel, le Benserade de la cour de Louis XV : ces sortes d'emplois n'immortalisent pas d'ordinaire ceux qui
les occupent. C'était en outre un satirique violent.
Ses querelles avec Voltaire laisseront, grâce
à Voltaire, une certaine trace dans l'histoire des
lettres. C'est ainsi que Benserade lui-même a dû
à Boileau presque toute sa renommée.

Les registres des dames de Saint-Louis mentionnent pour le mois d'avril 1745 les dépenses
suivantes :

Au sieur La Varanne, pour une corbeille ou vase d'osier à la
mosaïque, avec les ornemens et dorure nécessaires pour être
présentée à Madame la Dauphine, la somme de cinquante-trois
livres, dix sols, suivant mémoire et quittance, cy. . . 53¹ 10ˢ
Pour une couronne et des bouquets de fleurs d'I-
talie présentés à Madame la Dauphine. 96
A M. Clérembault, pour la musique de la pièce
aite pour Madame la Dauphine. 192

Le 21 juillet de l'année suivante, la Dauphine
mourait à Paris, âgée de vingt ans. Cette mort
attrista Saint-Cyr. Mais les deuils de cour durent
peu : dès le mois de janvier 1747, le Dauphin fut
fiancé à une fille de Frédéric-Auguste III, roi de
Pologne et électeur de Saxe. La nouvelle Dauphine, amenée à Paris vers cette époque, fut
conduite à Saint-Cyr deux mois avant son
mariage, le 15 mai. On recommença pour elle la

fête et la représentation de 1745 [1]. Les livres
de dépenses des Dames mentionnent encore une
gratification de cent quarante-quatre livres donnée à Clérambault pour cette nouvelle exécution
de l'*Idylle de Saint-Cyr*; plus :

A M. Le Sieur pour 40 journées de ses garçons... et pour
avoir apporté et reporté les lustres et girandoles à Versailles,
la somme de deux cent cinquante-trois livres huit sols, suivant
mémoire et quittance. . . . .   253 [1] 8 [b]

Enfin, pour clore cette série de réceptions
princières, dans les premiers jours de septembre
1750, les dames de Saint-Louis furent prévenues
par un exprès du comte de Noailles[2], auquel
les Registres disent qu'il fut donné douze livres
pour sa commission, que madame la marquise de
Pompadour se proposait d'aller dans le courant
du mois à Saint-Cyr. Les Registres ne nous
renseignent pas sur l'effet que produisit dans la
Communauté cette étrange nouvelle. Toujours
est-il qu'on se prépara à recevoir du mieux
qu'on put l'audacieuse et toute puissante favorite,
qui entendit à son tour l'*Idylle de Saint-Cyr*, et
fit obtenir à l'heureux Clérambault une troisième
gratification de cent-vingt livres.

[1] Luynes, VIII, 218.
[2] Gouverneur de Versailles et de Trianon, ami très-particulier
de Louis XV.

CHAPITRE XIV

REPRISE D'ESTHER ET D'ATHALIE EN 1756

En 1756, à la date des grandes représentations que nous allons raconter, d'importants
changements s'étaient produits dans la famille
royale. Les princesses, filles de Louis XV, éloi-
gnées de la Cour depuis leur enfance, étaient re-
venues l'une après l'autre de l'abbaye de Fontevrault, où le Roi en haine de Saint-Cyr, les avait
fait élever, et où elles avaient reçu une très-
pieuse, mais très-ignorante éducation. La plus
jeune, Madame Louise, avait alors dix-sept ans.
On jugea que les bals, la chasse, les spectacles
de la Cour étaient des plaisirs peu convenables
à cet âge, et ce fut à Saint-Cyr qu'on vint
encore, comme au temps de la duchesse de
Bourgogne, chercher des récréations innocentes.
Le Dauphin et la Dauphine désiraient de leur
côté revoir cette maison dont ils avaient gardé
l'un et l'autre un très-bon souvenir. Ils en par-

lèrent à la Reine et lui demandèrent de faire
jouer par les Demoiselles les tragédies d'*Esther*
et d'*Athalie*. Marie Leckzinska prévint la Supérieure, qui, d'accord avec la Communauté, décida
que le théâtre serait reconstruit sur son em-
placement primitif, que les décors seraient restaurés, et que les Demoiselles joueraient comme
autrefois avec les costumes de leurs rôles. Les
Registres nous font connaître les dépenses considérables faites par la maison de Saint-Louis en
cette occasion. La seule représentation d'*Esther*
coûta plus de 5,000 livres, dont voici le détail :

Extraordinaire de décembre 1755.

A M. du Tillet, pour avoir fait remonter 2054 diamants [1], et
l'achat de quelques autres, la somme de mille deux cent
vingt-trois livres neuf sols, suivant mémoires et quittances,
cy. . . . . 1,223[1] 9ˢ

Plus, à luy encore (du Tillet) pour les am-
plettes faites pour les habillemens des demoiselles qui ont représenté la tragédie d'*Esther*, la
somme de neuf cent soixante-onze livres un sol,
suivant deux mémoires et quittance, cy.   971   1

Plus, à M. Carpentier pour la peinture des
décorations du théâtre, la somme de mille qua-
tre-vingt livres, suivant la quittance, cy. . . . 1,080

Plus, aux sieurs Lefort et Merlet, machinistes, pour ce qu'ils ont fait et fourni pour le
théâtre, la somme de cent-quatre-vingt-seize livres, suivant le mémoire et la quittance, cy. .   196

[1] Ces diamants étaient les mêmes que Louis XIV avait donnés
en 1689 aux premières actrices d'*Esther*, et qui avaient servi
depuis, dans quelques occasions dont nous avons parlé.

Plus, au sieur Pillon, pour des anneaux, poulies, etc., la somme de quatre-vingt-huit livres, huit sols, trois deniers, suivant mémoire et quittance, cy. . . . .   88[l] 8[s] 3[d]

Plus, à M. Le Sieur [tapissier] pour ses journées et celles de ses garçons, employées à travailler pour le théâtre, la somme de cent onze livres, quatre sols, six deniers, suivant mémoire et quittance, cy.   111   4   6

Quelques pages plus loin, à l'article « Dépenses manuelles », nous trouvons encore les sommes suivantes dépensées pour la représentation d'Esther :

A MM. Clérembault, par gratification. . . . .   1,200[l]

Donné par gratification aux peintres, machinistes et musiciens.   54

Donné aux tapissiers du Roy et aux Suisses.   48

Donné aux violons de Chelles.   60

On voit par la dernière dépense mentionnée ci-dessus, que la maison de Saint-Louis était en relations avec la célèbre abbaye de Chelles. Cela s'explique par ce fait que madame de Clermont-Gessant, alors abbesse de Chelles, était une ancienne élève de Saint-Cyr. Les violons de l'église de Chelles viendront plus d'une fois encore à Saint-Cyr, dans des circonstances analogues. Nous aurons d'ailleurs l'occasion de remarquer plus loin que les musiciens dont il est ici question étaient au nombre de deux seulement, et jouaient, non du violon, mais du violoncelle.

Les Mémoires du duc de Luynes nous donnent le compte-rendu très-circonstancié des représentations de 1756. C'est un contemporain, c'est un témoin qui parle, nous ne l'interromperons pas par d'inutiles commentaires.

« *Du lundi 19 janvier 1756*. — Je n'ai encore rien dit de la tragédie d'*Esther*, jouée à Saint-Cyr. Ce fut jeudi dernier, 15 de ce mois. Monseigneur le Dauphin, madame la Dauphine et Mesdames dînèrent chez Madame la Dauphine, avec les dames qui devoient avoir l'honneur de les suivre, et partirent un peu après deux heures. En arrivant dans la maison, ils furent reçus à la porte par M. l'évêque de Chartres [1] et par madame du Han [2], Supérieure ; ils furent conduits tout au haut de la maison, dans la salle du théâtre [3]. La toile étoit baissée et la salle peu éclairée dans ce moment ; mais elle le fut suffisamment quand on eut levé la toile. Cette salle étoit remplie de gradins sur lesquels étoient toutes les pensionnaires, rangées par classes, avec des maîtresses à chaque classe.

[1] Pierre-Augustin de Rosset de Rocozel de Fleury.
[2] Marguerite-Suzanne du Han de Crèvecœur, élue le 13 mai 1755.
[3] Cette partie des anciens bâtiments de Saint-Cyr est aujourd'hui complétement méconnaissable. (Voir à l'Appendice.)

» Derrière Monseigneur le Dauphin et la famille royale, il y avoit des tabourets et des banquettes pour toute la Cour, et de ces places aux gradins, il y avoit encore beaucoup d'amis de la maison qui étoient venus voir le spectacle.

» Racine, fils du grand Racine, et père de celui qui vient de périr à Cadix [1], étoit à cette pièce ; il s'étoit occupé depuis trois ou quatre mois à instruire les pensionnaires ; il a même fait un prologue convenable aux circonstances. On le trouvera copié ci-après avec le nom des actrices [2]. La décoration du théâtre étoit très-agréable, il y eut un changement pour représenter les jardins du palais ; la perspective en étoit fort bien exécutée. Il n'y avoit d'instruments que deux violoncelles [3] qui accompagnoient les voix et qui étoient derrière les coulisses. Les rôles qui parurent les mieux exécutés furent celui d'Aman [4] et celui de Mardochée [5] ; celui d'Esther [6] le fut assez bien aussi en quelques endroits.

[1] Victime d'un tremblement de terre. Ce fils de Louis Racine allait avoir vingt ans ; il était poëte, comme son père et son grand-père, et donnait de grandes espérances.
[2] Voir à l'Appendice.
[3] Les violons de l'abbaye de Chelles dont on a parlé plus haut.
[4] Mademoiselle d'Escaquelonde.
[5] Mademoiselle du Moutier.
[6] Mademoiselle de la Salle.

» Clérembault, organiste de Saint-Cyr, et son frère, tous deux fils du grand Clérembault [1] avoient travaillé l'un et l'autre pour l'exécution de cette pièce. Le premier avoit fait plusieurs changements à la musique des chœurs, et l'autre avoit dirigé les habillements, lesquels avoient beaucoup d'apparence et réussirent très-bien... On avoit fait usage d'un grand nombre de pierreries fausses qui appartiennent à la maison ; elles lui ont été données par Louis XIV, et l'on estime qu'il y en a pour 20,000 livres... La pièce dura une heure et demie. Les chœurs furent fort bien exécutés. Les filles qui chantoient [2] avoient conservé sur le théâtre les distinctions de leur classe. Quoique ce soit l'usage de mettre du rouge sur le théâtre, aucune des actrices n'en avoit, et on ne s'en apercevoit point.

» Monseigneur le Dauphin, Madame la Dauphine et Mesdames restèrent dans la salle encore environ une demi-heure après la fin de la pièce ; ils voulurent voir les actrices ; ils firent beau-

---

[1] Nicolas Clérembault, organiste du Roi, de l'église royale de Saint-Cyr et de l'église paroissiale de Saint-Sulpice ; mort à Paris en 1749. C'est celui que le duc de Luynes qualifie en 1745 de *fameux organiste*.

[2] Voir à l'Appendice la liste de toutes les actrices qui ont pris part aux représentations de 1756.

coup de questions, et l'on eut sujet d'être content des marques de leur bonté.

» La famille royale descendit pour le salut, où M. de Chartres officia. Il y eut un motet fort bien chanté par les pensionnaires et accompagné par l'orgue. Toutes les pensionnaires sortirent de l'église, rangées par classes pour aller au réfectoire.

» Monseigneur le Dauphin et la famille royale allèrent voir le réfectoire, et la Supérieure, par l'ordre de Monseigneur le Dauphin, donna permission aux pensionnaires de parler pendant le souper. Les actrices ce jour-là devoient manger à une table particulière, et Monseigneur le Dauphin voulut que cela s'exécutât et demanda six jours de congé, un pour chacun des membres de la famille royale. »

Ce congé, bien entendu, devait se passer dans l'intérieur de la maison, les élèves n'en sortant jamais pendant tout le cours de leur éducation. On se représente aisément la joie qui dut régner à Saint-Cyr au lendemain de cette fête si glorieuse pour l'Institut. Ce ne fut pourtant pas une joie sans mélange. L'absence de la Reine avait été vivement sentie, et déjà, maîtresses et élèves la faisaient supplier de ne point manquer

à la représentation d'*Athalie* que l'on s'était
mis à préparer activement. La Reine qui n'aimait point, comme on sait, la tragédie, ne
voulut pas prendre d'engagement. Mais le Dauphin et Mesdames firent savoir qu'ils seraient
fort heureux de retourner à Saint-Cyr.

Les registres de dépenses des dames de Saint-
Louis nous donnent, pour la représentation
d'*Athalie* comme pour celle d'*Esther*, d'intéressants renseignements. Les costumes des actrices coûtèrent près de quinze cents livres ; on
dépensa six cents livres pour l'arrangement des
décors ; le trône d'Athalie, en bois doré, couvert
de velours d'Utrecht cramoisi, fut payé quatre-
vingts livres [1] ; on fit venir une couturière de
Paris, madame Touillemont, à qui l'on donna
une gratification de cent cinquante livres, outre
le prix de ses travaux ; on fit également venir
de Paris deux coiffeurs, qui reçurent cent vingt-
six livres pour quatre journées passées à Saint-
Cyr ; M. Clérambault, le maître à chanter, fut
logé dans les dépendances du couvent pendant
vingt et un jours qu'il employa à instruire les

---

[1] Nous le retrouverons mentionné en 1792 dans le procès-
verbal de la vente publique du mobilier de Saint-Cyr : il sera
adjugé, pour dix francs, au citoyen Lenoble.

Demoiselles : il eut pour cela douze cents livres
de gratification. Les vingt-deux nuits que son
domestique passa à l'auberge furent payées quatre
livres huit sous, ce qui donne un curieux échan-
tillon des prix courants de l'époque. On envoya
également à l'auberge les gens de Madame l'abbesse de Chelles; d'où nous concluons que l'Abbesse elle-même était venue à Saint-Cyr, et
qu'elle assista aux tragédies [1]. Quelque temps
après, en remerciement de l'hospitalité qu'elle
avait reçue à Saint-Cyr, Madame de Clermont-
Gessant envoyait son portrait aux dames de
Saint-Louis. Voici en effet ce que nous trouvons
parmi les « dépenses manuelles » du mois de
mai :

Donné aux hommes qui nous ont apporté le portrait de
madame de Chelles............................. 40 livres.

Écoutons maintenant le duc de Luynes :

« La Reine, dit-il, alla samedi 22 de ce mois
(mars) à Saint-Cyr ; elle avoit dit assez positive-
ment qu'elle n'iroit point : il ne devoit y avoir que
Monseigneur le Dauphin, Madame la Dauphine
et Mesdames. Toute la maison de Saint-Cyr dési-

---

[1] Les violons de Chelles accompagnèrent les chœurs d'*Athalie*, comme ceux d'*Esther*.

roit extrêmement être honorée de la présence
de la Reine et avoit demandé cette grâce avec
instance dans le temps qu'on y joua Esther.
La Reine n'arriva qu'à quatre heures ; elle alla
sur le champ entendre le salut où M. l'évêque
de Chartres officia. Elle monta ensuite dans son
petit fauteuil [1] à la salle du théâtre ; elle étoit
arrangée comme pour la tragédie d'*Esther* dont
j'ai parlé. La représentation d'*Athalie* dura environ deux heures un quart. La pièce est si
belle qu'on la voit toujours avec plaisir. On peut
dire qu'elle fut très-bien exécutée.... Toutes les
pensionnaires savoient leur rôle si parfaitement
qu'elles n'eurent nul besoin d'être soufflées...
Celle qui fit le grand-prêtre [2] paroît avoir du
talent. Celle qui jouoit le petit Joas [3] joua fort
bien aussi. La Reine ne rentra que sur les huit
heures. Ce voyage empêcha qu'il n'y eut de
concert. J'oubliois de marquer que les chœurs
de Saint-Cyr furent assez bien exécutés par les
voix, mais l'accompagnement étoit trop fort ; les
instruments n'étoient point d'accord, et peu de
régularité dans l'accompagnement. »

Ce dernier reproche s'adresse aux musiciens

---

[1] Sorte de chaise à porteurs.
[2] Mademoiselle de Crécy.
[3] Mademoiselle de Cambis.

de Chelles qui n'avaient probablement pas pu assister à toutes les répétitions de la pièce. En somme, les actrices de Saint-Cyr restaient dignes de leur réputation.

Le *Mercure de France*, après avoir rendu compte des représentations de la Comédie-Française, de la Comédie-Italienne et de l'Opéra-Comique, parle de cette représentation d'*Athalie* dans un article intitulé : *Spectacles de Saint-Cyr*. Il ajoute peu de choses au récit du duc de Luynes. Le compositeur, après la pièce, a été présenté à la Reine « qui a paru aussi satisfaite de sa musique que de la manière intéressante et noble dont ces demoiselles ont rendu le chef-d'œuvre de Racine. »

CHAPITRE XV

HORACE WALPOLE
MESDAMES DE PROVENCE ET D'ARTOIS
MARIE-ANTOINETTE A SAINT-CYR

Quelques années s'écoulent pendant lesquelles nous n'avons presque aucun renseignement sur les spectacles donnés à Saint-Cyr. La Reine et les princesses visitent fréquemment la maison ; il est probable qu'on joue encore quelquefois la tragédie devant elles, car le théâtre subsiste toujours, mais ce doit être en petit comité, sans aucun retentissement au dehors. Quant aux grandes représentations, comme celles de 1756, dont s'occupe la Cour, dont le *Mercure* et la *Gazette* rendent compte, elles deviennent de plus en plus rares, et à peine pourrons-nous en signaler trois ou quatre encore avec certitude avant 1792, date de la suppression définitive de l'Institut de Saint-Louis.

Mais, si les documents sur le théâtre nous font défaut pour une période de quelques années, nous

savons du moins par de nombreux témoignages
que rien n'était changé à Saint-Cyr, que l'éducation y était toujours élégante, distinguée, aristocratique, quoique chrétienne et pieuse, et que
les traditions littéraires, qui faisaient la gloire de
l'Institut, ne s'étaient nullement affaiblies.

Saint-Cyr et son théâtre étaient connus et
cités dans l'Europe entière; déjà, on avait essayé
de créer des établissements de ce genre en Pologne, en Allemagne, en Danemarck, en Suède.
La seule de ces imitations de Saint-Cyr qui
réussit et dura quelque temps, fut une maison
fondée à Vienne, en Autriche, sous la direction
de mesdemoiselles de Fosières et de l'Enfernat,
élèves de Saint-Cyr.

En 1769, Horace Walpole, l'illustre ami de
madame du Deffand, visita Saint-Cyr. Cette visite
nous est racontée par lui-même dans une lettre
que nous allons reproduire et qui nous montre la
maison de Saint-Louis, quatre-vingts ans après
sa fondation, toujours digne de son origine, toujours semblable à elle-même, et telle enfin que
nous l'avons décrite dans les premières pages de
ce livre. Les années n'ont apporté que d'imper-
ceptibles changements. L'uniforme a été modifié
et quelque peu embelli; mais les réglements éta-

blis par Madame de Maintenon ne s'opposaient pas
à ce qu'on suivît d'un peu loin la mode dans les
habillements des Demoiselles.

Il est à remarquer que l'on ne fit point jouer
la tragédie devant Horace Walpole et que même
on ne lui montra pas la salle de spectacle, tandis
qu'il visita en détail toutes les autres parties de
la maison. C'est que Walpole était étranger, pro-
testant, ami des philosophes, auteur de romans
dont l'Eglise interdisait la lecture; c'est, enfin,
qu'il avait une réputation des plus mondaines.
On ne jugea pas à propos de lui faire passer en
revue, sur la scène, tout le charmant personnel de
la tragédie. Mais on fit chanter pour lui dans les
classes les chœurs d'*Athalie*, et quelques jeunes
filles jouèrent sous ses yeux les proverbes de
Madame de Maintenon. Cela pouvait lui donner
encore une assez agréable idée du talent dramatique des Demoiselles. Voici sa lettre, datée du
17 septembre 1769 et adressée à son ami Georges
Montagu :

« J'avais obtenu, dit-il, de l'évêque de Chartres
la permission de visiter Saint-Cyr; madame du
Deffand, qui ne laisse échapper aucune occasion
de m'être agréable, avait écrit à l'Abbesse pour la
prier de me faire voir tout ce qu'il y avait de cu-

rieux en cet endroit; la permission de l'évêque
portait qu'on devait m'admettre ainsi que M. de
Grave et les dames de ma compagnie; je priai
l'Abbesse de me rendre cette permission pour la
déposer dans mes archives de Strawsberry; elle
y consentit volontiers. Toutes les portes s'ou-
vrirent devant nous; la première chose que je
désirais voir était l'appartement de Madame de
Maintenon : il se compose, au rez-de-chaussée, de
deux petites pièces, d'une bibliothèque et d'une
très-petite chambre à coucher, la même dans laquelle le Czar la vit et où elle mourut; on a ôté
le lit, et maintenant la chambre est tapissée de
mauvais portraits de la famille royale. On ne peut
s'empêcher de remarquer la simplicité de l'ameu-
blement et l'extrême propreté qui règne partout[1].
Un grand appartement qui se trouve au-dessus,
composé de cinq pièces, et destiné par Louis XIV
à Madame de Maintenon, sert maintenant d'infir-
merie[2]; il est rempli de lits à rideaux blancs fort

---

[1] On conserve à la préfecture de Versailles, dans la salle de
la bibliothèque des Archives départementales, quatre chaises
provenant du mobilier de Madame de Maintenon que décrit ici
Walpole. Ces chaises sont cannées et peintes en blanc avec un
filet bleu. Il existe encore à l'Ecole militaire, dans l'appartement
du Général, quelques meubles, restaurés et entretenus avec
soin, qui ont appartenu, dit-on, à la fondatrice de Saint-Cyr.
[2] C'est aujourd'hui l'appartement du général commandant
l'Ecole militaire.

propres et orné de tous les passages de l'Ecriture
qui pouvaient donner à entendre que la fondatrice était reine. L'heure des vêpres étant venue, on nous conduisit à la chapelle, et je fus
placé dans la tribune de Madame de Maintenon;
les pensionnaires, dont chaque classe est conduite
par une Dame, viennent deux à deux prendre leurs
siéges et chantent tout le service. Les jeunes filles,
au nombre de deux cent cinquante, sont vêtues
de noir, avec de petits tabliers pareils, qui sont,
ainsi que leurs corsets, noués avec des rubans
bleus, jaunes, verts ou rouges, selon les classes;
celles qui sont à leur tête ont, pour marque dis-
tinctive, des nœuds de diverses couleurs. Leurs
cheveux sont frisés et poudrés. Elles on t pour
coiffure une espèce de bonnet rond, avec des
fraises blanches et de grandes collerettes; enfin
leur costume est très-élégant[1]. Les religieuses sont
tout habillées de noir avec des voiles de crêpe
pendants, des mouchoirs d'un blanc mat, des ban-
deaux et des robes à longue queue. La chapelle
est simple, mais fort jolie; au milieu du chœur,
sous une dalle repose la fondatrice. Madame de

[1] Les papiers de Saint-Cyr nous apprennent que la reine
Marie Leckzinska, à l'occasion des représentations de 1756, fit
porter aux Demoiselles des manchettes de cour.

Cambis, l'une des religieuses qui sont au nombre
d'environ quarante, est belle comme une madone[1].
L'Abbesse n'a qu'une croix d'or, plus grande et
plus riche, qui la distingue des autres ; son appartement consiste en deux pièces fort petites. Nous
vîmes là jusqu'à vingt portraits de Madame de
Maintenon. Le portrait en pied au manteau royal,
dont je possède une copie, est le plus souvent ré-
pété ; mais il en est un autre dans lequel on la
représente vêtue de noir, avec une grande coiffure
en dentelles, un bandeau et une robe traînante ;
elle est assise dans un fauteuil de velours cramoisi ; entre ses genoux se trouve sa nièce, madame de Noailles, encore enfant ; dans le lointain
on découvre une vue de Saint-Cyr. On nous montra quelques riches reliquaires ; ensuite nous
fûmes conduits dans les salles de chaque classe.
Dans la première on ordonna aux Demoiselles qui
jouaient aux échecs de nous chanter les chœurs
d'*Athalie;* dans la seconde on leur fit exécuter
des menuets et des danses de campagne, tandis
qu'une religieuse, un peu moins habile que sainte
Cécile, jouait du violon. Dans les autres elles ré-
pétèrent les proverbes ou dialogues qu'avait écrits

---

[1] Elle était actrice en 1756, et jouait dans *Athalie* le rôle de
Joas.

pour leur instruction Madame de Maintenon.....
De là, nous visitâmes les dortoirs, puis nous
fûmes témoins du souper ; enfin, on nous mena
aux archives[1], où nous vîmes des volumes de
lettres de Madame de Maintenon ; une des religieuses me donna même un petit morceau de papier avec trois pensées écrites de sa propre main.
Nous allâmes aussi à la pharmacie où l'on nous
régala de cordiaux..... Notre visite se termina
par les jardins qui ont un aspect très-imposant,
et où les Demoiselles jouèrent devant nous à mille
petits jeux ; enfin, nous prîmes congé de Saint-
Cyr au bout de quatre heures. Je demandai à
l'Abbesse sa bénédiction ; elle sourit en disant
qu'elle doutait bien que j'y eusse grande confiance. C'est une dame noble [2], âgée, très-fière
d'avoir vu Madame de Maintenon[3]. »

Deux ans après la visite d'Horace Walpole, le
comte et la comtesse de Provence vinrent à Saint-

---

[1] On venait de bâtir, pour y renfermer les archives, un joli
pavillon tout en pierres, orné d'un fronton et de quatre vases
sculptés dont les flammes dirigées du côté de Versailles, ont
fait croire longtemps à une intention allégorique qui nous paraît
aujourd'hui assez peu vraisemblable. Ce pavillon, respecté par
les démolisseurs de 1793, est le seul morceau d'architecture
complet et curieux qui subsiste à Saint-Cyr.

[2] Madame du Han de Crèvecœur.

[3] *Lettres d'Horace Walpole, depuis comte d'Orford, à Georges
Montagu*, publiées d'après les originaux anglais, par M. Ch.
Malo. Paris, 1818.

Cyr à l'occasion de leur mariage. L'usage de montrer Saint-Cyr aux jeunes princesses qui entraient par une alliance dans la famille royale était depuis longtemps établi, et l'on n'y manquait jamais. Les Registres nous fournissent ici encore de curieux renseignements. On chargea un M. Coqueret, musicien peu connu, attaché sans doute à la maison comme organiste ou comme maître à chanter, de composer des airs pour une petite pièce de circonstance, une idylle, dont l'auteur n'est pas nommé. M. Coqueret organisa la mise en scène et monta la pièce. Voici au surplus le texte même des Registres :

Extraordinaire du mois de mai 1771.

Donné à M. Coquerest pour la musique de la petite idille (sic), faite pour Madame la Comtesse de Provence, le temps qu'il a été à la monter et ses voyages . . . . 1,020[1]

A M. Coquerest, pour les dépenses qu'il a faites à l'occasion de la petite idille de Madame la Dauphine et de Madame la Comtesse de Provence, la somme de cent quarante livres. 140

On voit par ce dernier article que la Dauphine, Marie-Antoinette, tout récemment mariée, elle aussi, accompagnait la comtesse de Provence à Saint-Cyr. Nous savons de plus qu'elle arriva en retard, et cela, à vrai dire, ne nous étonne point de la part de cette princesse, qui fut une reine charmante mais bien étourdie.

La *Gazette* qui nous apprend ce détail rend
compte de la pièce en ces termes :

« *De Paris, le 10 juin 1771* : Le 1er de
ce mois, Monseigneur le comte de Provence
et Madame la comtesse de Provence, Monseigneur le comte d'Artois, Madame [1] et Madame Elisabeth se rendirent, vers les six
heures du soir, à la maison royale de Saint-
Louis à Saint-Cyr. La Supérieure [2], à la tête de
la Communauté, eut l'honneur de les recevoir à
la porte, et de complimenter Madame la comtesse de Provence. Les princes et les princesses
se rendirent ensuite à l'église et assistèrent au
salut. Madame la Dauphine arriva commme on
sortait de l'église. Les Demoiselles qui sont élevées dans cette maison donnèrent une petite
fête ; elles célébrèrent le mariage de Monseigneur
le comte de Provence et de Madame la comtesse de
Provence par une idylle mise en action et en
musique. Madame la Dauphine, ainsi que les
princes et princesses applaudirent beaucoup au
zèle et au talent des Demoiselles et donnèrent

---

[1] Madame Clotilde. Cette princesse s'est appelée Madame
tout court jusqu'à l'avénement de Louis XVI. (*Généalogie de
la Maison de Bourbon*, par M. L. Dussieux, 2e édition, page
112).

[2] Madame du Han de Crèvecœur, Supérieure pour la quatrième fois.

à toute la maison des témoignages de leur satisfaction. Ils ne partirent qu'après avoir vu souper les Demoiselles [1]. »

Les dépenses faites par la maison de Saint-Louis pour cette réception s'élevèrent à 1160 livres. Deux ans plus tard, en 1773, on dépensa deux fois cette somme pour célébrer le mariage du comte d'Artois, qui épousa une princesse de la maison de Savoie, sœur de la comtesse de Provence. La *Gazette* raconte en détail le voyage de la princesse, depuis la frontière où l'attendait une nombreuse députation jusqu'à Versailles, où le mariage religieux s'accomplit le 16 novembre. Toutes les villes que traversa la comtesse d'Artois rivalisèrent de zèle pour la bien recevoir, et partout on lui offrit la comédie. Saint-Cyr devait clore très-dignement cette série de représentations données en son honneur.

Nous trouvons dans les Registres, à l'extraordinaire de décembre 1773, les dépenses suivantes :

Pour la façon des ajustements des demoiselles qui ont représenté la petite pièce de Madame la Comtesse d'Artois, la somme de six cent trois livres, cinq sols. . . . . 603 [1] 5 [.]

[1] *Gazette de France*, année 1771, p. 376.

Donné à M. Coquerest pour la musique de la petite pièce de Madame la Comtesse d'Artois, et le temps qu'il a demeuré ici pour donner des leçons aux demoiselles.	1.054 [1]	»ˢ
Donné aux Menus et aux garçons du Garde-Meuble, à l'occasion de la petite fête de Madame la Comtesse d'Artois. . . . . . -	103	16
Pour l'impression de 1000 exemplaires de la fête de Madame la Comtesse d'Artois, la somme de cent soixante-douze livres.	172	»

Nous avons vainement recherché la pièce imprimée et tirée à 1,000 exemplaires dont il est ici question. Elle ne se trouve pas à la Bibliothèque de Versailles qui contient pourtant la plus grande partie des livres ayant appartenu à Louis XVI, à la Reine et à Mesdames ; elle ne se trouve pas davantage à la Bibliothèque nationale. C'était probablement encore une idylle dialoguée et chantée comme celles qui avaient été composées précédemment dans de semblables occasions. Le nom du compositeur Coqueret permet de douter un peu du mérite de la pièce, au moins pour la partie musicale. D'ailleurs, ces sortes d'ouvrages ne valent généralement que par l'exécution, et nous croyons que la jeunesse des chanteuses, la fraîcheur et la justesse de leurs voix, la parfaite distinction de leurs manières, la beauté de quelques-unes d'entre elles faisaient le principal attrait de ces spectacles.

La *Gazette* nous donne, sur la représentation
de 1773, les mêmes détails à peu près que sur
celle de 1771. A la fin de la pièce, les deux cent
cinquante Demoiselles rangées sur les gradins
qui entouraient le théâtre firent entendre, en
chœur et en musique, des acclamations réitérées
de *Vive le Roi!* Ce chant était une sorte de
motet composé autrefois par Lulli sur des paroles de madame de Brinon.

Le spectacle donné en l'honneur de la comtesse d'Artois est le dernier dont il soit fait
mention dans les journaux, mémoires et cor-
respondances que nous avons pu consulter.

Quant aux registres des dames de Saint-
Louis, ils continueront de nous faire constater
d'année en année l'existence du théâtre par les
dépenses faites, soit pour l'entretien du matériel.
soit pour l'augmentation ou le renouvellement
du répertoire. En 1774, par exemple, l'abbé
du Gué, auteur d'intermèdes pour la tragédie de
Jephté recevra une indemnité de cent livres :
en 1778, il sera alloué cent vingt livres à
M. Thomelin, organiste de Saint-Cyr, pour les
intermèdes de *Jonathas* ; ce qui fait supposer,
ce qui prouve même d'une façon certaine, que
Jonathas et *Jephté* ont été représentés à ces

deux époques. La Cour ou une partie de la Cour
a-t-elle assisté à la représentation de ces tragédies ? On ne peut pas l'affirmer ; mais il serait
difficile d'en douter. On sait que Madame Elisabeth venait depuis son enfance presque chaque
semaine à Saint-Cyr, accompagnée des dames de
sa maison ; comment croire que *Jephté* et *Jona-*
thas, représentés certainement en 1774 et 1778,
ne l'aient pas été une fois au moins devant elle ?

La dernière mention qui soit faite du théâtre
dans les registres de l'économat, est la suivante :

Pour le raccommodage des plumets de tragédie, 27 ¹. 16 ˢ.

Cette dépense est du mois de février 1781.

Quelques années plus tard, en 1786, l'Institut
de Saint-Louis célébra par de grandes ré-
jouissances qui durèrent trois jours entiers,
le centième anniversaire de sa fondation. Une
relation imprimée de la fête séculaire de Saint-
Cyr nous apprend qu'il y eut, le 7 juillet, un
grand discours prononcé dans la chapelle par
l'abbé du Serre-Figon, en présence de l'évêque
de Chartres, de Madame Elisabeth, de M. d'Ormesson et d'une très-nombreuse assistance. On
avait organisé des divertissements de tout genre,

danses, concerts, feux d'artifice, mais point de spectacles. Toutefois, dans un passage de son long et assez éloquent discours, l'abbé du Serre-Figon parle du théâtre, et il le fait en de très-bons termes :

« Comme on a jugé, dit-il, que les exercices dramatiques font partie d'une belle éducation, et peuvent à certains égards être utiles aux Demoiselles, l'on a laissé subsister le théâtre, et l'on n'a pas cru que ces amusements tolérés dans les monastères les plus rigides, dussent être interdits dans cette *Ecole nationale*. »

On remarquera cette expression « d'Ecole nationale » se substituant à « Maison royale. » Cela fait l'effet, même en 1786, d'un anachronisme. « L'esprit de l'institut, » dit encore le même orateur, est un « chef-d'œuvre de philosophie chrétienne. » Il appelle M. d'Ormesson un « magistrat-citoyen. » — C'est déjà le ton du jour ; le langage révolutionnaire a précédé de plusieurs années la Révolution.

CHAPITRE XVI

LES DERNIÈRES ANNÉES DE LA MAISON
DE SAINT-LOUIS
ET LE DERNIER JOUR DE SON THÉATRE

Louis XVI et Marie-Antoinette, qui avaient appris dès leur jeunesse à aimer Saint-Cyr, lui témoignèrent toujours la plus grande bienveillance. Ils ne cessèrent pas d'enrichir cette maison déjà très-riche ; ils s'intéressèrent beaucoup au sort des Demoiselles, les établissant, leur accordant des charges à la Cour, leur ouvrant les monastères, créant pour elles de nouveaux chapitres de chanoinesses, et augmentant au besoin la dot de 3,000 livres qu'on leur donnait en les congédiant.

« L'œuvre de Louis XIV ne sera parfaite, disait la Reine, que quand on aura pourvu à l'existence de toutes les Demoiselles après leur sortie de Saint-Cyr [1]. »

[1] Lavallée. — *Mémoires de Madame Campan.*

Enfin, c'était par les mains des religieuses de Saint-Cyr que Louis XVI et sa famille faisaient le plus souvent passer leurs aumônes. « Il est de notoriété publique, dit un acte du mois de mai 1793, que feu Capet, sa femme et ses tantes versoient fréquemment d'abondantes aumônes, dont la distribution étoit confiée à la sagesse des citoyennes qui dirigeoient cette maison [1]. »

Nous savons comment les dames de Saint-Louis pratiquaient la charité ; elles faisaient en moyenne chaque année près de quinze mille livres d'aumônes qu'elles répandaient dans tous les villages où s'exerçaient leurs droits seigneuriaux ; elles subventionnaient les écoles, entretenaient les églises, visitaient et secouraient les malades, et occupaient sur les terres de la Communauté un grand nombre d'ouvriers indigents. Les Registres mentionnent chaque mois des dépenses comme celles-ci :

Donné aux gens qui sont venus aider les jardiniers, 60 livres.

Aux pauvres femmes qui ont cueilli des coquelicots pour l'apothicairerie, 22 livres.

Aux femmes de peine qui ont aidé les sœurs converses pendant le carême, 200 livres... etc.

[1] Archives de la préfecture de Versailles.

La maison faisait vivre ainsi près de sept cents personnes attachées à des emplois subalternes. Les pauvres du village recevaient à eux seuls mille livres de pain par semaine.

Lorsque la Révolution éclata, les habitants de Saint-Cyr montrèrent le plus grand empressement à envahir et à piller cette maison bienfaisante qui les nourrissait depuis tant d'années, et dont la suppression devait les plonger pour longtemps dans la plus cruelle misère.

Nous savons peu de chose des relations de Saint-Cyr avec la Cour durant cette dernière période. Les précieux mémoires qui nous ont tant servi pour les règnes précédents, s'arrêtent à 1758, sans être ni remplacés ni continués par d'autres documents du même genre. La correspondance du comte Mercy-Argenteau, publiée récemment, est pleine, il est vrai, de détails intéressants sur Louis XVI et sa cour, mais tous les menus faits de la vie publique et privée du Roi et de la Reine, les visites, les promenades, les réceptions, n'y sont pas relatés aussi exactement qu'ils l'eussent été par un Luynes ou par un Dangeau. Le *Journal des Chasses*, rédigé par Louis XVI lui-même, ne parle pas de Saint-Cyr.

Cependant, M. le duc de Noailles et M. Théophile Lavallée citent une visite solennelle de toute la famille royale à Saint-Cyr, en 1779. Les Demoiselles chantèrent en chœur le fameux motet de Lulli et de madame de Brinon :

> Grand Dieu, sauvez le Roi !
> Grand Dieu, vengez le Roi !
>   Vive le Roi !
>
> Qu'à jamais glorieux
> Louis victorieux
> Voye ses ennemis
>   Toujours soumis.
>
> Grand Dieu, sauvez le Roi !
> Grand Dieu, vengez le Roi !
>   Vive le Roi !

Ce motet est resté le chant traditionnel de la maison pendant un siècle. On a dit, et les dames de Saint-Louis ont cru toujours que le compositeur Haendel l'ayant entendu dans une visite qu'il fit à Saint-Cyr, en 1721, le copia pour le roi d'Angleterre Georges Ier, et en fit le *God save the king*, sans rien changer à l'air, ni même aux paroles qui furent littéralement traduites. Les livres de musique de Saint-Cyr, ceux du moins qui se trouvent à la bibliothèque de

Versailles ne renferment pas le chant de Lulli
et de madame de Brinon ; la vérification est
donc impossible.

, Nous ne savons rien de plus sur cette dernière
visite royale que ce qu'en ont dit MM. de
Noailles et Lavallée. Les registres de dépenses
des dames de Saint-Louis sont muets cette fois ;
le *Mercure* et la *Gazette* ne donnent aucun
détail.

En 1786, Madame Elisabeth assistait seule,
comme nous l'avons dit, aux fêtes du centenaire
de Saint-Cyr. Elle continua de venir causer, lire
et prier avec ses « bonnes amies », tant que les
circonstances le lui permirent. Mais après les
journées d'octobre, ses visites devinrent forcé-
ment plus rares. Elle avait accompagné à Paris
la famille royale ; elle ne pouvait plus sortir
librement des Tuileries ; tous ses mouvements
étaient épiés, elle se savait « suspecte », et elle
craignait en allant à Saint-Cyr de compromettre
par sa présence cette chère maison qu'elle
appelait son berceau.

« Je n'ose, écrivait-elle, aller à Saint-Cyr ; le
village est si mauvais pour ces Dames, que le
lendemain on feroit une descente chez elles, en
disant que j'ai apporté une contre-révolution. »

Elle y alla pourtant le 25 octobre ; du moins, la veille de ce jour, elle annonçait sa visite en ces termes : « Nous allons demain H... et moi à Saint-Cyr, nous nourrir un peu de cette viande céleste qui fait tant de bien [1]. » Elle y alla encore le 10 décembre suivant. Puis de longs mois s'écoulèrent avant qu'elle pût y retourner. « Si je le peux, écrivait-elle le 7 mars 1792, j'irai après-demain à Saint-Cyr. Il y a un an que je n'ai osé. » Cette fois ce devait être sa dernière visite ; on en eut le pressentiment à Saint-Cyr. Elle fut reçue au milieu des sanglots de toute la maison, et quand elle partit, les Dames et les Demoiselles lui firent des adieux déchirants.

La Révolution était déjà presque accomplie, et des symptômes chaque jour plus graves annonçaient la catastrophe finale. Les dames de Saint-Louis avaient pu suivre dans la *Gazette de France* [2] toute remplie de discours et de décrets révolutionnaires, la marche rapide et effrayante des événements.

[1] *Éloge historique de Madame Elisabeth de France, suivi de plusieurs lettres de cette princesse*, par Antoine Ferrand, ancien magistrat. Nouvelle édition, Paris, Le Clère, 1861, page 175.
[2] Nous trouvons, chaque année, dans les Registres, cette dépense : « Pour l'abonnement de la *Gazette*, 15 livres. »

Ces nobles cœurs si dévoués à la monarchie devaient cruellement gémir et souffrir chaque fois qu'une concession nouvelle était arrachée au pouvoir royal, chaque fois qu'une nouvelle humiliation était infligée à l'héritier de Louis XIV.

Mais bientôt elles eurent à s'occuper d'elles-mêmes et à pleurer sur leur propre sort. Le décret du 14 avril 1790 qui donnait aux directoires de départements l'administration des biens du clergé exceptait de cette mesure les maisons d'éducation publique. Saint-Cyr conserva donc quelque temps encore ses biens immobiliers ; quant aux revenus qui lui étaient dus par le Trésor, on cessa dès ce moment de les lui payer. En outre, aux termes de la loi du 20 mars, la maison fut soumise à l'inventaire.

Cet inventaire, dont le procès-verbal existe aux Archives du département de Seine-et-Oise dura huit jours entiers. Il fut fait par les administrateurs du district avec une certaine convenance. Il paraît que l'attitude très-digne et très-fière des dames de Saint-Louis imposait le respect à ces révolutionnaires encore novices. Madame d'Ormenans, femme d'un rare mérite, était alors Supérieure ; madame de Crécy, l'une des actrices d'*Esther* en 1756, était maîtresse générale

des classes, et madame du Ligondès, dépositaire.

On trouvera dans l'appendice de ce volume
l'article de l'inventaire relatif au théâtre. Nous
l'avons en partie reproduit déjà dans le récit
que nous avons fait des diverses représentations
d'*Esther* et d'*Athalie*. Ce document est un des
plus précieux qui nous aient été communiqués
sur Saint-Cyr.

Cependant cette longue et humiliante formalité
de l'inventaire n'avait donné encore aux dames
de Saint-Louis qu'un faible avant-goût des vexa-
tions de toutes sortes qui leur étaient réservées.
Elles ne se laissèrent point surprendre ; et les
épreuves en s'accumulant sur elles ne firent
qu'augmenter leur résignation et fortifier leur
courage.

Vers ce temps là, elles reçurent une visite
bien inattendue et qui, en d'autres circonstances
eût été certainement l'occasion d'une fête. La
duchesse d'Orléans, accompagnée du chevalier de
Boufflers, vint à Saint-Cyr au mois de mars 1791.
Une lettre du Chevalier à la duchesse de Biron
nous fait connaître les différents incidents de
cette visite. La Princesse et les personnes qui
l'accompagnaient furent reçues avec empresse-

ment, mais sans aucune démonstration de joie.
On les conduisit selon l'usage à l'église, à la
bibliothèque, aux classes, aux archives. M. de
Boufflers retrouva Saint-Cyr tel qu'il l'avait vu
déjà quarante-sept ans auparavant. « Si Madame
de Maintenon ressuscitoit, dit-il, elle ne verroit
que les visages de changés; mais pour peu
qu'elle sortît de l'enceinte de cette maison, et
que son vieux carrosse et ses vieux chevaux
fussent aussi ressuscités, qu'ils la menassent à
Versailles, elle ne trouveroit plus Louis XIV ni
rien qui lui ressemble !... Il est impossible,
ajoute-t-il, que l'attendrissement, l'édification et
le respect ne s'emparent point de tout ce qui
entre dans ce saint lieu. Les pensionnaires n'y
sont point des pensionnaires, et les religieuses
n'y sont point des religieuses ; les unes sont
des filles bien élevées et les autres sont des
femmes raisonnables. Les pauvres enfants ont
fait devant nous leurs touchants exercices dans
un ordre, une décence, une régularité qui me
faisoient penser à la fois à la pureté angélique
et à la discipline prussienne... » Le Chevalier
décrit ensuite les évolutions que faisaient les
jeunes filles pour entrer et se ranger dans
l'église : « La supérieure générale étoit dans

une stalle du chœur avec un petit marteau à la
main au bruit duquel elle faisoit exécuter différents commandements, tels que s'arrêter, dou-
bler les files, les tripler, s'arrêter encore, se
mettre à genoux, se prosterner, se relever, et
entonner ensuite toutes à la fois un *Domine
salvum fac Regem* en parties différentes, mais
avec des accents si justes, si touchants, si péné-
trants, que sur le champ les larmes sont venues
à tous les yeux; et ceux de mon excellente
duchesse en auroient été si peu exempts, que je
suis sûr qu'en ce moment ils ne sont pas absolument secs.

» Ces pauvres enfants ignorent le sort qui paroît
les attendre; mais les religieuses le savent très-
bien et le leur cachent; on voit là gaieté qui
n'ose point tout-à-fait éclater, mais qui se peint
toujours sur les jeunes visages des unes, et je
ne sais quelle mélancolie et quelle préoccupa-
tion que les autres essayent en vain de déguiser
à leurs pupilles. Ces religieuses ont toutes été
élevées dans la maison; elles y ont appris tout
ce qu'il faut savoir, et le monde n'est étranger
qu'à leurs cœurs, en sorte qu'elles prévoient
les événements aussi bien qu'on peut le faire
dans la société la plus éclairée, et dans ce mo-

ment, c'est ce qui redouble leur peine... [1]. »

Cependant la Révolution continuait son œuvre et menaçait chaque jour davantage l'existence de la maison de Saint-Louis. Les couvents de femmes de tout ordre avaient été successivement fermés, et Saint-Cyr n'avait dû jusqu'ici son salut qu'à des mesures d'exception qui ne pouvaient plus être bien longtemps observées. Le 8 août 1792, Louis XVI signait encore le brevet d'admission à Saint-Cyr d'une jeune fille, la dernière qui y soit entrée, mademoiselle de Montespin. Deux jours plus tard, le trône s'écroulait. Le 16 août un décret de l'Assemblée législative ordonnait le renvoi dans leurs familles de toutes les pensionnaires de la maison de Saint-Louis. On profita d'une ambiguïté de termes qui pouvait rendre douteuse l'interprétation de la loi, pour réclamer, parlementer, gagner du temps, et l'on parvint, en effet, à prolonger encore pendant sept mois l'existence de l'institut. Mais ce ne fut plus qu'une lente et cruelle agonie ; les persécutions administratives devinrent intolérables ; on multiplia les visites domiciliaires, les confiscations, les spoliations ; les archives furent enlevées

[1] Lettre publiée par M. le duc de Noailles dans l'Histoire de Madame de Maintenon.

et en partie dispersées ; les volumes qui renfermaient les titres des Demoiselles et qui représentaient un trésor nobiliaire incomparable furent livrés aux flammes.

Le 15 novembre 1792, une dame de Saint-Louis, Madame de Cockborne mourait, brisée d'émotion et de douleur. Dans le délire de ses derniers moments, elle chantait ce passage des chœurs d'*Esther* où les Israélites gémissent sur les malheurs de leur patrie :

> Déplorable Sion qu'as-tu fait de ta gloire !...

Ce fut la dernière religieuse enterrée dans la maison. Le lendemain les registres mortuaires des dames de Saint-Louis furent enlevés et transportés à la municipalité. Quelques mois plus tard, le cimetière même fut détruit, les sépultures violées, et le marbre des tombeaux vendu aux enchères publiques.

Les procès-verbaux de l'inventaire et des ventes de 1793 nous apprennent que le théâtre de Saint-Cyr était resté debout jusqu'aux derniers jours de l'institut ; et nous le montrent disparaissant lui-même dans le naufrage général. L'acte de vente, dressé sans aucun ordre, mentionne pêle-mêle les meubles, les objets d'art, la batterie de

cuisine, les ornements religieux, les matériaux
provenant des démolitions. Nous avons eu quelque peine à retrouver au milieu de ces épaves les
charmants décors peints par Bérain, le palais
d'Assuérus, les jardins d'Esther, l'appartement du
Grand-Prêtre, que des brocanteurs de Versailles
achetèrent à vil prix. Les bois composant le théâtre
« et les toiles qui en dépendent » furent adjugés
moyennant 1604 livres au citoyen Danjou ; le citoyen Gaud paya 210 livres les « gradins de la salle
de comédie ; » le citoyen Lenoble acheta « un petit
thrône (le trône d'Athalie) en bois doré couvert de
velours d'Utrecht, » et « un autre siége de théâtre
couvert en papier ; » il eut le tout pour 14 livres
2 sols. Un grand nombre de décorations non
décrites dans l'inventaire, coulisses, rideaux,
toiles plafonnées, toiles dormantes, s'en allèrent
en diverses mains ; le citoyen Massé en eut une
partie, et le reste, vendu 20 livres, fut emporté
par le citoyen Grisepoire.

FIN

APPENDICE

I

LE RÉPERTOIRE

LES TRAGÉDIES DE LA MAISON

Esther, de Racine. Trois actes, avec prologue et chœurs (1689).

Athalie, de Racine. Cinq actes, avec chœurs (1691).

Jephté, de Boyer. Trois actes, avec chœurs (1692).

Judith, de Boyer. Cinq actes, avec chœurs (1695).

Judith, autre tragédie, de l'abbé Poncy de Neuville, représentée plusieurs fois à Saint-Cyr en 1726, et qui n'est pas imprimée.

Jonathas, de Duché. Trois actes, avec chœurs. Imprimé en 1700.

Absalon, du même. Cinq actes (1702).

Débora, du même. Cinq actes (1706). Les vers suivants méritent d'être cités :

14

Allez et publiez qu'aujourd'hui, dans Béthel,
J'ordonne qu'on observe un jeûne solennel.
A peine le soleil commence sa carrière ;
Que ce jour soit un jour de douleur, de prière :
Mais, par de vrais regrets, par de sincères pleurs,
Que les fils de Jacob préviennent leurs malheurs ;
D'un repentir forcé le Tout-Puissant s'irrite :
On ne le trompe point par un zèle hypocrite.
Qu'ils quittent leur orgueil et non leurs ornements ;
Qu'ils déchirent leurs cœurs et non leurs vêtements.

Un exemplaire manuscrit de cette tragédie est conservé aux Archives de la préfecture de Versailles, il porte l'*ex libris* des dames de Saint-Louis.

Gabinie, de l'abbé Brueys (1699).

Joseph, de l'abbé Genest (1706). Un seul rôle de femme, Azaneth.

Saül, de l'abbé Nadol (1705).

Euloge, ou le danger des richesses. Tragi-comédie, du P. du Cerceau (1725).

Thémistocle, du P. Follard (1728).

Mérope, de Voltaire (1743). Il est intéressant de remarquer que le nom de Voltaire n'effrayait pas les religieuses de Saint-Cyr. Le *Siècle de Louis XIV*, l'*Histoire de Charles XII*, la *Henriade*, faisaient partie de la bibliothèque des grandes classes.

Zelmire, de M. de Belloy. Tragédie imitée de

Métastase, donnée au Théâtre-Français avec un très-grand succès, le 6 juin 1762.

Le Siége de Calais, du même (1765). Sujet national traité pour la première fois. La maison de Saint-Cyr possédait plusieurs exemplaires de cette tragédie.

Outre ces tragédies, on jouait encore à Saint-Cyr des *Proverbes dramatiques* et des *Parodies;* ces ouvrages figurent au catalogue de la bibliothèque de Saint-Cyr, mais aucun exemplaire n'en a été conservé.

FRAGMENTS D'OPÉRAS ET SCÈNES LYRIQUES

1° Fragments de *Persée, Phaëton, Roland, Armide, Cadmus, Alceste, Atys, Bellérophon,* opéras de Quinault.

2° *Le Temple de la Paix,* de Quinault, arrangé par Clérambault.

3° *L'Opéra de Sceaux,* arrangé également par Clérambault.

4° *L'Idylle de Madame de Maintenon* (musique de Matheau).

5° *L'Idylle de la Vertu* (musique de Clérambault).

6° *L'Idylle de Saint-Cyr* (musique du même, poème de Roy). Cette pièce est la seule qui se puisse lire. Nous la reproduisons ici pour donner une idée du genre).

7° *Divertissements* en vers et en musique pour la comtesse de Provence et la comtesse d'Artois (en 1771 et 1773).

L'IDYLLE DE SAINT-CYR [1]

SCÈNE PREMIÈRE

AGLAÉ

Ce spectacle pompeux qu'un songe m'a tracé,
M'occupe, me plaît, m'inquiète :
Les plaisirs que permet cette sainte retraite,
Les devoirs assidus ne l'ont point effacé.

SCÈNE DEUXIÈME

EUPHRASIE, AGLAÉ

EUPHRASIE

Je vous vois rêveuse et distraite,
Je craignois presque d'approcher.

AGLAÉ

Nous nous sommes promis une amitié parfaite,
Et c'est vous que mon cœur choisit pour s'épancher.

EUPHRASIE

J'aime à voir qu'à mes sœurs votre choix me préfère

AGLAÉ

La sagesse, chez vous, a devancé les ans,

[1] Voir chapitre XIII, pages 161 et suivantes.

Et vous pourriez m'aider à percer un mystère ;
Car c'en est un sans doute, une erreur de mes sens,
  Une illusion passagère
  Me pourroit-elle être aussi chère ?
La nuit et le sommeil me versoient leurs pavots,
Mon âme respiroit cet innocent repos
Que nous prépare un jour passé dans la prière :
De subites splendeurs ont ouvert ma paupière,
Du côté du midi se lève dans les cieux,
  Se fixe une étoile nouvelle :
Sa lumière éclatante attire tous les yeux :
Tous les astres se sont abaissés devant elle.
  Le soleil même, au lieu de l'éclipser,
Ainsi qu'à son retour il efface l'aurore,
  Se plaisoit à lui dispenser
Ses rayons les plus chers pour l'embellir encore.

EUPHRASIE

Votre récit fait couler dans mon cœur
Avec l'étonnement une douceur secrète.

AGLAÉ

Mais qu'en augurez-vous ?

EUPHRASIE

     Des secrets du Seigneur,
Foible mortelle, hélas ! puis-je être l'interprète ?

AGLAÉ

Sous le voile d'un songe, autrefois l'Eternel,
Des grands événements enveloppoit l'histoire
C'est ainsi qu'à Joseph il annonça la gloire
  Et l'espérance d'Israël.

EUPHRASIE

Il fuit l'œil curieux et la bouche profane,
Mais souvent de l'enfance il anime l'organe.
La nuit changée en jour, le ciel paré de fleurs,
          L'astre qui règne sur eux,
          Qui, de la Toute-Puissance
          Est le trône lumineux,
Cette étoile ajoutée à la magnificence
          De ce palais radieux,
Tout semble présager quelque douce influence
          Que la terre attend des cieux.

AGLAÉ

Sans doute, et le Très-Haut lui-même vous inspire.
          A-t-il jamais sur cet empire
Versé plus de faveurs que dans ces derniers tems ?
C'est peu de nos exploits rapides et constans
          (A plus d'un règne ils auroient pu suffire :)
Ce jeune conquérant, au moment qu'on l'admire,
Il mouroit ; de ses jours la trame se déchire ;
L'art, pour la renouer, prend des soins impuissans ;
Il falloit un miracle aux peuples gémissans,
          Dieu l'accorde : LOUIS respire.
S'il reste d'autres vœux à faire encor pour lui,
Le Ciel à les remplir se prépare aujourd'hui.

CHŒURS, *derrière la scène.*

O jour heureux ! ô jour de mémoire immortelle
          Venez, venez, troupe fidelle,
          Portiques sacrés, ouvrez-vous.

AGLAÉ

Ces transports, ces concerts si doux

Nous annoncent-ils notre Reine?
Sa présence est toujours une fête pour nous.

SCÈNE TROISIÈME

AGLAÉ, EUPHRASIE, MÉLANIE, EUDOXE

MÉLANIE

C'est un nouveau triomphe, et ce jour nous amène
Un autre objet d'amour, un trésor précieux,
  Dont le Tage enrichit la Seine;
  Et cet asile est l'humble scène
Qui, pour tout appareil, lui présente nos vœux.

AGLAÉ

De ton peuple, grand Dieu, tu couronnes le zèle;
  Le fils d'un roi, selon ton cœur
L'espoir du nom françois, l'appui de sa grandeur
  A donc reçu de ta main paternelle
La vertu sous les traits d'une jeune mortelle?

EUPHRASIE

Oui, c'est vous qu'annonçoit un songe si flatteur,
Nœuds qu'a formés le sang, nœuds que le ciel resserre,
  Source éternelle du bonheur
  Des deux plus grands rois de la terre.

AGLAÉ

De la France et du siècle, Elle sera l'honneur.

MÉLANIE

Les fleuves et les mers ont vu sur leurs rivages
Tous les peuples voler au-devant de ses pas;

Elle-même nous tend les bras
Elle vient au-devant de nos tendres hommages.

AGLAÉ

Ah ! puisse-t-elle y trouver quelque appas !

EUDOXE

A ses regards serions-nous étrangères ?
        Le trône qui fut son berceau
        Est scellé du sang de nos pères ;
        Et, des François et des Ibères,
Les lauriers de Philippe ont couvert le tombeau.

EUPHRASIE

N'est-ce pas le dernier et le plus mémorable
        De ses augustes aïeux,
Dont la main triomphante a consacré ces lieux,
Et de tous nos devoirs tracé l'ordre immuable ?
        Pour vous, famille innombrable,
        D'un père il avoit les yeux ;
C'est, aux yeux de sa fille, un titre favorable.
Une troupe nouvelle arrive en ce séjour,
Ce jardin, dont nos mains ont hâté la culture,
        Prête à mes sœurs l'innocente parure
        Que leur permet un si beau jour.

SCÈNE QUATRIÈME

AGLAÉ, EUPHRASIE, MÉLANIE, EUDOXE, SIDONIE,
LES CHŒURS

CHŒURS

Goûtez, princesse adorable,
Goûtez les transports de nos cœurs.

EUDOXE et SIDONIE, *chantent.*

A vos pieds nous semons des fleurs,
Leurs naissantes couleurs
Rendent votre printemps et sa candeur aimable.

CHŒURS

{ Goûtez, etc.

SIDONIE, *en présentant une couronne de lys et de grenades, qui a
servi au tabernacle.*

Ces fleurs, de l'Arche sainte ont formé la couronne,
Ornement consacré par l'Epoux immortel ;
Ce tribut de la terre a monté sur l'Autel,
Où des anges tremblants la troupe l'environne,
Où lui-même à l'Epouse il s'unit et se donne.

ALGAÉ

Elle a prêté l'oreille à nos tendres accents,
Nous n'avons point signalé notre zèle
Par un profane encens.
Retournons dans le temple offrir des vœux pour Elle.

CHŒURS

Ciel, ô Ciel ! sur ses jours versez tous vos bienfaits !

EUDOXE, *chante.*

Que le Père et l'Epoux la couvrent de leur gloire !

EUDOXE ET SIDONIE, *chantent.*

Que le plus tendre amour prévienne ses souhaits !

EUDOXE, *chante.*

Qu'elle dorme au sein de la paix !

SIDONIE, *chante.*

Qu'elle s'éveille au bruit de la victoire !

CHŒURS

Ciel, ô Ciel ! sur ses jours versez tous vos bienfaits !

EUDOXE, *chante.*

Qu'une postérité nombreuse et florissante
Des deux peuples unis puisse remplir l'attente !

SIDONIE, *chante.*

Eternisez un sang si glorieux,
Dont vous avez placé la source dans les cieux.

CHŒURS.

Tous nos momens sont pour vous des hommages
    Grand Dieu, répondez à nos voix,
    Triomphez, souverain des rois,
    Dans vos plus brillantes images.

II

L'INVENTAIRE DU THÉATRE

Le présent registre, composé de deux feuillets cotte X et paraphé au bas de chacune des pages, apprès recensement fait des objets y détaillés, a été arrettée par nous, commissaire du district de Versailles, le vingt un juillet mille sept cent quatre vingt dix.

E. VENARD. COUPIN.
DE PLANE.

INVENTAIRE DU THÉATRE

4 Rideaux, y compris celui de l'avant-scène.
20 Coulisses avec les toiles plafonnées.
Le jardin d'Esther, toile dormante.
Les coulisses de l'avant-scène, dormantes.
Le trosne d'Assuérus.
Le trosne de Joas et les gradins.
Le fauteuil d'Athalie en velours d'Utrecht.

1 armoire à 2 battans.

1 bureau à 8 guichets.

1 bureau à 2 guichets.

3 gradins de bois blanc.

4 bancs de bois de chêne.

48 chaises communes.

1 grande échelle double.

1 corbeille pour les cordages.

USTENCILLES

195 plaques de fer blanc.

13 ditto plus petites.

35 biscuits de fer blanc.

Piques, sabres, etc., pour la tragédie d'Hester et d'Athalie en bois et fer blanc, que l'on ne remplace qu'à l'extrémité.

3 enveloppes de toile rousse.

L'épée d'Abner.

Le sceptre de Joas, en bois doré.

PIERRES BRILLANTES A L'USAGE DES CLASSES

M^ss^c GÉNÉRALE

75 pierres blanches.

1 ditto en rozette.

CLASSE BLEUE

300 pierres blanches.

103 ditto, plus petites de couleurs.

114 ditto à 2.

21 ditto plus petites.

6 grosses agraffes.

34 ditto moyennes.

37 ditto petites.

Petites figurées pour coëffer.

Coliers et autres ajustemens sur lesquels tiennent d'autres pierres à demeure.

CLASSE JAUNE

318 pierres.

9 agraffes.

3 rosettes.

CLASSE VERTE

128 pierres.

24 ditto à 2.

5 ditto en rosette.

CLASSE ROUGE

122 pierres.

Pectoral du grand prêtre.

Thiare du grand prêtre.

Thiare de Mathan.

Revetues de pierres de toutes couleurs.

III

PROLOGUE D'ESTHER

Par Racine le fils (1756) [1]

La Piété......   Mlles DE CHATENAY DE LANTY.
L'Innocence....   DE MONCHAMP.
La Paix......   DE MACHAULT.

LA PIÉTÉ

Nous voici toutes deux. — L'Innocence et la Paix
Dans cet asile saint ne se quittent jamais.

LA PAIX

O du Ciel adorable fille !
Piété, tendre sœur, c'est donc vous que nos yeux...

LA PIÉTÉ

C'est moi-même qui, dans ces lieux,
Du roi qui vous protége amène la famille.
Vous l'allez voir paroître, elle suivoit mes pas.

L'INNOCENCE

Cet excès de bonté ne nous étonne pas ;
Nous avons vu le Roi lui-même,
Oui, ce grand Roi jusqu'à nous s'abaisser ;
Aux jeux où je préside il daigna s'amuser,
Sans doute comme lui sa famille nous aime;

[1] *Mémoires du duc de Luynes;* XIV, 286.

LA PIÉTÉ

C'est pour vous le prouver qu'elle veut en ce jour
Que d'un spectacle saint digne de ce séjour,
        Vous lui fassiez goûter les charmes.
Esther a parmi vous souvent versé des larmes,
Qu'elle en répande encor ; qu'à son affliction
Votre aimable jeunesse unisse ses alarmes,
Rassemblez promptement vos filles de Sion.

LA PAIX

Qu'entends-je ! quoi ! devant une assemblée auguste
Des enfants oseroient... Ah ! quels pauvres acteurs !
        Quels redoutables spectateurs !
Approuvez nos refus, la cause en est trop juste :
Et quand vous proposez cette témérité,
        Vous qui devriez la défendre.
Etes-vous notre sœur, et cette sœur si tendre,
        La charitable Piété ?

LA PIÉTÉ

Je la suis, et c'est moi qui vous rends favorables
        Ces spectateurs si redoutables :
        Je règne dans leurs cœurs.

L'INNOCENCE

        Nous ne répliquons pas,
Vous serez satisfaite. Esther obéissante
Va paroître. Déjà je l'aperçois. — Hélas !
Devant Assuérus elle étoit moins tremblante !
A quel nouveau péril vous l'exposez encor !

LA PIÉTÉ

        Je lui réponds du sceptre d'or.

IV

LISTE
DES ACTRICES D'ESTHER ET D'ATHALIE
EN 1756.

ESTHER

ASSUÉRUS, roi de Perse...............	Mlles de CRÉCY.
ESTHER, reine de Perse	de LA SALLE.
MARDOCHÉE, oncle d'Esther...	du MOUTIER.
AMAN, favori d'Assuérus...........	d'ESCAQUELONDE.
ZARÈS, femme d'Aman............	de MAILLÉ CARMAN.
HYDASPE, officier du palais d'Assué- rus	de CHABRIGNAC.
ASAPH, autre officier d'Assuérus....	CHARPIN.
ELISE, confidente d'Esther	de BEAULIEU.
THAMAR, israélite de la suite d'Esther	du HAN DE CRÈVE- CŒUR.

GARDES DU ROI
ASSUÉRUS.

Mlles de BAYANCOURT.
de BAUDOIN.
de SINÉTY.
de LA TOUCHE.
de CHOURSE.
d'ANDÉCHY.

CHŒUR DES JEUNES FILLES ISRAÉLITES :

Mlles de FOSIÈRES.
de CHAUMONT.
de VALLIER.

Mlles de LA CROIX d'ORANGIS.
de CARVOISIN.
de MAILLÉ-BRÉZÉ.

d'EYRI.	de LA TOUR.
de SAILLAN.	de CRÉCY DE VINCELLES.
Brécour d'ANDÉCHY.	de FONTENELLE.
d'ORADOUR.	de BRAUX d'ANGLURE.
d'AIRON.	de LA LANDE d'ENTRE-
de VASSIMONT.	MONT.
de JOUSBERT.	d'ANDRIEUX.
de CAMBIS.	de BOSREDON.
de MONTCHAMP.	de MACHAULT.
du DESCHAUX.	

CELLES QUI FONT DES RÉCITS

Déplorable Sion	Mlles de CRÉCY DE VINCELLES.
Pleurons et gémissons.,...	de BEAULIEU.
Hélas! si jeune encore.....	de LA LANDE d'ENTREMONT.
Dieu, notre Dieu! (duo).	{ de VALLIER. { de LA CROIX.
Un moment a changé.....	du DESCHAUX.
O douce paix...........	de CRÉCY DE VINCELLES.
Que le peuple est heureux ..	de BEAULIEU.
J'ai vu l'impie.........	de FOUBERT.
Dieu descend	de LA LANDE d'ENTREMONT.

DERNIER CHANT [1]

Dieu qui consacrez notre enfance
A prier pour nos souverains,
Recevez l'encens de nos mains,
Versez vos dons les plus chers sur la France.

[1] Les paroles sont de M. Roy et la musique de **Clérembaut**.
(*Note du duc de Luynes.*)

ATHALIE

Joas, roi de Juda..	Mlles de Cambis.
Athalie, veuve de Joram.	d'Escaquelonde.
Joad, grand-prêtre.......	de Crécy.
Josabeth, tante de Joas..	de la Salle.
Zacharie, fils de Joab....	de la Lande d'Entremont.
Salomith, sœur de Zacha-rie ... .,.. ..	de Beaulieu.
Abner.....	de Carman.
Azarias.	d'Andéchy.
Ismael...	de Capville.
AUTRES CHEFS DES PRÊTRES ET DES LÉVITES	de la Touche. de Surhin. de Bayancourt.
Nathan, sacrificateur de Baal..	du Moutier.
Nabal, confident de Na-than..	de Chabrignac.
Agar	de la Tour.
TROUPES DE PRÊTRES ET DE LÉVITES.	Mlles de Boisbasset. de Hitry. de Perdreauville. de Sinéty. de la Tour-Fondue. de Mézières.
SUITE D'ATHALIE.	Mlles d'Esthérazy. de Chourse. de Mérinville. de Chaumont. d'Arot. de l'Egret.

CELLES QUI CHANTENT EN PARTICULIER

O mont de Sinaï.........	Mlles de JOUSBERT.
Il venoit réveler...	du DESCHAUX.
Vous qui me connoissez...	de CHARPIN.
O bien heureux mille fois..	de CRÉCY DE VINCELLES.
O palais de David.......	de BEAULIEU.
Qu'ils pleurent, ô mon	
Dieu.................	de BEAULIEU.
De tous ces vains plaisirs..	de LA VIE.
Ils boiront dans la coupe	{ de LA VIE.
(duo).............	{ de VALLIER.
Sion ne sera plus.........	de JOUSBERT.
Dieu protége Sion.......	de CRÉCY DE VINCELLES.
Triste reste de nos rois	de BEAULIEU.
D'un père et d'un aïeul ..	du DESCHAUX.

LISTE

DES DEMOISELLES SORTIES DE SAINT-CYR

DE 1699 A 1791 INCLUSIVEMENT.

Cette liste a été dressée à l'aide des contrats de rente des Demoiselles, dont les ampliations sont conservées aux Archives de la préfecture de Versailles. Malheureusement, les liasses qui les renferment ne sont pas tout-à-fait complètes. Il est arrivé, plus d'une fois, que des familles, après avoir égaré leurs titres, en ont réclamé la copie. On trouve, de loin en loin, une note indiquant que l'ampliation a été retirée ; mais l'archiviste de Saint-Cyr n'a pas toujours pris cette précaution, car, parmi les quittances signées des Demoiselles ou de leurs procureurs, et qui correspondent exactement, pour les noms et les dates, aux ampliations des contrats, plusieurs sont isolées, les titres qui les accompagnaient ayant disparu.

Chacun des millésimes sous lesquels sont inscrits les noms des Demoiselles, représente l'année où les contrats de rente leur ont été délivrés. C'est presque toujours l'année même de leur sortie. Mais il a pu se produire, exceptionnellement, des retards dans la remise des contrats. Cela est visible, par

exemple, pour l'année 1766, où plus de cent
jeunes filles furent dotées. Un certain nombre
d'entre elles avaient quitté la maison depuis quatre
ou cinq ans ; l'une même, Mlle de Lafite, avait eu
le temps de se marier et de devenir veuve.

M. Lavallée a publié, d'après des documents
qu'il a lui-même reconnus fautifs et incomplets,
un état des Demoiselles entrées à Saint-Cyr ; il
n'a pu donner ni les prénoms, ni l'orthographe,
même approximative, des noms de famille. La
liste que nous publions, malgré quelques lacunes
inévitables, offrira des renseignements généalo-
giques et biographiques bien plus certains.

Nous nous sommes efforcé de respecter, et,
au besoin, de rétablir l'orthographe des noms,
autrefois si variable. Les quittances signées des
Demoiselles n'ont pas toujours été pour nous un
moyen de contrôle suffisant. Car nous avons
observé plus d'une fois que deux signatures
d'une même personne ne s'accordaient pas entre
elles. Nous recourions alors au *Dictionnaire de
la Noblesse*, de La Chesnaye des Bois.

Enfin, nous avons relevé, chemin faisant, tous
les renseignements que pouvaient nous fournir
les dossiers des Demoiselles, tels que mariages,
prises de voile ou décès.

LISTE DES DEMOISELLES SORTIES DE

SAINT-CYR

1699.

Désirée DE JUMON.
Gabrielle-Catherine DE ROUTY (novice au couvent de la Providence, à Amiens).
Jeanne DE LA RUE DE GOUR-NAY.

Marie-Thérèse-Angélique DE LA VIEFVILLE.
Marie-Anne DE ROHARD.
Elisabeth DE MARANS.
Marguerite-Anne DE MONCHY.
Etiennette DE DAMAS DE COR-MAILLON.

1700.

Marie LE ROY DU CERCUEIL.
Anne D'OSMOND (mariée au marquis de Louvigny).
Catherine DE LABORDE.

Marguerite - Magdelaine DE COURTEMANCHE DE BASPRÉ.
Marie-Anne DE CHARMONT.
Marie-Anne DE GRUEL D'AR-TIGNY, (chanoinesse).

1701.

Françoise-Catherine DE ROBERQ DE PALLIÈRES.
Marie-Françoise DE LORAS DE JAILLONNA.

Rose DE COURTEILLE.
Henriette DE CHABANNES DE MAVIOLS.
Marie-Michelle DE CONFLANS.

Françoise DE LA RIVIÈRE DE LA BORDE.

Marie-Madeleine DE SAINTE-HERMINE DE CHENON.

Marie-Françoise DU CHATEL KERLÉE.

Catherine DU DOGNON DE GUYOT.

Anne-Elisabeth DE GRUEL MARTEL.

Magdelaine DE MOROGUES DE LONGFROY.

Anne DE GINIEZ DE SAINT-MAURICE.

Marguerite DE FORTIN.

Marie DE LA FERRIÈRE DE LA BOULAYE.

Catherine-Marguerite DE SEILLONS DE LA BARRE.

Clotilde DE BOUFFLERS ROUVEREL.

Françoise DE LA SALLE DE SAINT-PONSY.

1702.

Marie-Anne DE CREUY.

Hélène-Marthe DE CHAMBRAY.

Jeanne DE PRÉCY.

Bonne-Françoise DE BERTIER DE CHASSY.

Marie-Catherine DE PROISY DE GONDREVILLE.

Marie-Magdelaine-Gervaise DE FROIDEAU (religieuse au couvent des Capucines de Paris).

Anne-Gabrielle DE LA RUE DE GOURNAY.

Catherine DE MONTFALCON.

Marie-Charlotte DE VANDEUIL DE TELFAY.

Catherine-Françoise DE PUIDEBAR ROQUEFEUILLE.

Françoise DE CHARMONT DE BEAUCORNET.

Marguerite-Charlotte-Rosalie D'HOZIER.

Marie-Anne DE VENDEUIL.

Charlotte DE BÉRAUDIN DE PUZÉ.

André-Suzanne FOURNILLON DE BUTCOY.

Marguerite-Suzanne DE FLEURY

Catherine-Geneviève DE MONSPEY.

Françoise-Geneviève DE LHUILLIER DU PLESSIS.

Charlotte-Angélique DE MALART DE FALENDRE.

Marie DE SAILLY D'AIGLEVILLE.

Louise-Elisabeth GUILHOMET DE LÉRIGNAC.

1703.

Catherine-Françoise DE TERTEREAU DE SAINT-GERMAIN (novice au couvent de la Visitation de Sainte-Marie de Chaillot).

Agnès-Anne D'ARSONVAL.

Bonne-Marie-Charlotte DE BOIGENGANT DE LAMPÉRIÈRE.

Marguerite DE FRÉMONT.

Louise DU CHATEL.

Louise-Antoinette DE BRIQUESSART.

Marie-Jeanne DU MESNIL.

Marie-Madelaine DE GAIN DES COUTARDIERS.

Madelaine-Angélique D'ADON-
VILLE.
Eléonore-Françoise DE HALLOT
DE MÉRONVILLE.
Charlotte DE MONTALEMBERT
DE CERS.
Marie DE PILAVOINE.
Marie-Jeanne D'AUMALE DE
MAREUIL.
Jeanne DE PISCART DE TRA-
VAILLE.
Catherine DU BOUTILLIERS DE
CAMPAGNE.

Denise-Françoise DES MONS-
TIERS DE RIEUX DE MÉRIN-
VILLE.
Marie-Dieudonnée-Élisabeth DE
PIETREQUIN.
Marie-Louise DE MENONVIL-
LIERS DE BEAUMAITRE.
Madelaine-Étiennette DE VAN-
DEUIL D'ARQUINVILLIERS.
Marie-Anne-Élisabeth D'OR-
CAMP DE ROUTY.

1704.

Charlotte D'AUMALE DE MA-
REUIL.
Charlotte DE JOIGNY.
Françoise DE SAINT-FERRIOL.
Anne-Catherine-Louise DE
CONFLANS DE SAINT-REMY.
Marie-Henriette DE BEAURE-
PAIRE.
Marie-Marguerite CAMPAGNE
DU PORTEL.
Madelaine-Françoise DE BOU-
LOC.
Michelle-Louise DE LOUBERT DE
NANTILLY.
Louise DE BOULLIERS DE VAN-
GINE.

Marie-Catherine DU BOUCHER
DE FLOGNY.
Marie-Jacqueline DE BOFFLE.
Marie D'OFFAY.
Élisabeth DE GODECHART MAT-
TANCOURT.
Louise DE BOULAINVILLIERS DE
FEUQUEROLLES.
Renée-Madelaine DE COURTE-
MANCHE DE BASPRÉ.
Jeanne DE CAHORS DE LA
SARLADIE.
Élisabeth DE LECURE DE LA
COUDRE DU PEROUX.
Marie DE FOIX DE CANDALLE.
Angélique D'ORO DE LÉON.

1705.

Angélique DE COSTARD DE
SAINT-LÉGER.
Françoise DE HUEY DE VONGRE.
Marguerite DE FOIX DE CAN-
DALLE.
Marie-Madelaine DE GARGES
D'ORMOY.
Françoise-Marguerite DE FOR-
CEVILLE.
Thérèse-Catherine DES NOS.

Gabrielle-Renée DE MEAUL-
NE.
Marie-Magdelaine DE FRÉ-
BOURG. (Morte à Saint-Cyr
après sa vingtième année.
Son père, Denis de Fré-
bourg, écuyer, et sa mère,
Jeanne d'Arlauge ont hérité
de sa dot.)
Louise DE CUGNAC D'IMONVILLE.

Marguerite–Élisabeth DE MON-
THIERS.

Madelaine-Rose LE ROUX DE
MAZÉ.

Alexandrine D'ORO DE LÉON.

Thérèse D'ANTUGNAC (novice
au couvent des Carmélites
de Blois).

Marie–Marguerite DE LACOURT
D'INGREVILLE.

Marie-Madelaine DE CHABOT.

Suzanne DE CLERMETS.

Marie-Magdelaine DE LA MOTTE
DE SAINT-LOUP.

Marie-Charlotte DE NEUILLY
DE BRUNET.

Élisabeth DE MÉHÉE D'AN-
QUEVILLE.

Louise – Geneviève DE LAU-
DONIE.

Marie DE VAILLANT.

Marie-Charlotte DE GAUTHIER
DE TREILLY.

Françoise DE LA RUE DE
GOURNAY.

Marie-Anne-Charlotte DENITOT
DE VAUDRETS.

Jeanne DE CULLON DE LA
CHARMAYE.

1706.

Marie-Anne DE MUSARD DE
CHANLEBON (novice au cou-
vent de Gomerfontaine).

Élisabeth DE BEDORÈDE DE
SAINT-LAURENT (novice au
couvent de Gomerfontaine).

Jeanne D'ALICHAMP D'ESPA-
GNE.

Elisabeth-Louise D'AGARD.

Anne-Charlotte DE CLÉRY DE
FIRMINVILLE.

Thècle-Thérèse DE BELLOY DE
MORANGLE.

Marie-Anne DE CISSAY.

Marie – Françoise - Louise DE
GOUY D'ARSY.

Marguerite DE VANSAY DE
CONFLANS.

Françoise DE BOURDEILLES.

Anne–Marguerite DE LA NEU-
VILLE DU BLAIZEL.

Marie-Thérèse DE FONTANGE.

Marie-Madelaine-Armande DE
BORSTEL (novice au couvent
des Carmélites de la rue de
Grenelle, à Paris).

Charlotte-Françoise DES POIX
DE LERETTE.

Jeanne-Marie DE PRAVIEUX.

Marie-Marthe-Absolue DE LA
GASTINE (novice au couvent
de Gomerfontaine).

Marie-Anne DE JOIGNY DE
BELLEBRUNE.

Marie-Françoise DE GENTIL DE
LA JONCHAPT.

Madelaine DE BOURDIN DE
VILLAINES. (Une copie de
son acte de baptême se
trouve aux Archives. — Son
père, le marquis de Villaines,
était gouverneur de Vitry-le-
François.)

Marie D'ASTORGUE CHALUDET.

Catherine DE GUERREAU DE LA
BOULOYE.

Marie DE VERNAUD DE BRES-
SOLLES.

Marie-Anne DE VILLERS (novice au couvent des Dames
de la Visitation de Compiè-
gne).

Germaine-Estelle DE BRILHAC.

1707.

Marie-Anne DE GROUCHY DE GRENY.

Marianne DE RIENCOURT DE TILLOLOY.

Claude-Marie DE SINXE DE BOISSY.

Marthe-Renée DE CHATEAU-THIERRY DE LA NOUE.

Jeanne-Marie DE LA SALLE de SAINT-PONCY.

Antoinette DE GASTELLIERS DE LA VANNE.

Hippolyte DE GARCIN DE SEISSINET.

Jeanne-Marie DE BÉRANGER DE PUIGERON.

Marguerite-Célénie DE MORNAY DE MONTCHEVREUIL.

Marie-Constance DE BOULAINVILLIERS.

Marianne DE CAMPION.

Louise-Marie-Anne DE SAINT-POL.

Marie-Anne HIBON DE BAGNY.

Marie-Françoise DE LA TOUR DE NŒUVILLARS DE FONBIART

Anne - Jeanne-Marguerite-Elisabeth GOULAS DE BELAIR.

Gabrielle DE PINARD DE LA VILLANVRAY.

Anne-Françoise SAISSEVAL DE MÉRONCOURT.

Françoise-Jeanne DE LA HAYE DE LA SANNERIE.

Françoise DE MONSURS D'HÉVECOURT.

Jeanne - Agnès - Philippe DE RAGECOURT DE BREMONCOURT (chanoinesse de Remiremont).

Marie-Louise DE GUERREAU DE MONGODAR.

Catherine-Françoise DE RENARD DE MARAY.

Suzanne DE SALLY DE BÉGNY.

Marie FILLEUL DE FRENEUSE.

Gabrielle DE CHONAC DE MONLAUZY.

Magdelaine-Françoise DE SAINT BASILE DE BLANCHARD.

1708.

Catherine-Thérèse HIBON DE BAGNY.

Élisabeth-Thérèse DU BUISSON DE BEAUTEVILLE.

Marie-Marguerite ODOARD DE BORAYÉ.

Marie DE LA PINARDIÈRE DU BOUCHET.

Henriette DE LA CHAUSSÉE.

Louise D'ARCES.

Agnès CORODIN DE LAUDONIE.

Anne DE MÉRÉ DE BROSSIN.

Marie DE SAUBRUN DE JARNAGE.

Honorée DE RÉMÉRÉVILLE DE SAINT-QUENTIN.

Barbe DE TILLY D'ACCON.

Magdelaine DE GUERREAU DE LA BOULOYE.

Catherine DE FORTIN.

Jeanne-Angélique DE BOUBERT.

Jeanne DE MONPEY DE LUISANDRE.

Louise-Élisabeth MALET DE ROFFIAC.

Marie - Angélique SACQUÉPÉE DE VAUPREUX.

Jacqueline DE CHAMPLAIS.

Anne - Thérèse DE COURTEMANCHE DES BOIS.

Rose-Anne DE MÉHÉE D'AN-
QUEVILLE.

Jeanne-Agnès D'AUBUSSON DE
CASTELNOUVEL.

Marie-Charlotte DE SABREVOIS
DE VILLIERS.

Charlotte-Françoise DE MENON-
VILLIERS DE BEAUMAITRE.

1709.

Madelaine DE CAREL DE MER-
CEY.

Marie-Françoise-Joseph DE
GALLÉAN DE CHASTEAUNEUF.

Marie-Rose LE GONIDEC DE
KERBISIEN.

Catherine DE TESTARD DE LA
CAILLERIE DE LEMBERTIE.

Marie-Louise DU BELLAY DE
TERNAY.

Magdelaine DE LA BARRE DE
GÉRIGNY.

Marguerite DE FONTANGES DE
CHAMBON.

Françoise-Charlotte ROUSSEL
DE VIROLET.

Jeanne PINEL DE LA SALLE.

Marie DE LIVENNE DE VER-
DILLE.

Marie-Austreberte DE VILLE-
NEUFVE DE BILLINCOURT.

Marie-Julie DE LA VIEFVILLE
DE RONVILLERS.

Marie-Catherine DE LOUCELLE
DE ROUXEVILLE.

Marie-Antoinette DE LONGUE-
VILLE D'AUNAY.

Jeanne-Angélique DE CAUMONT
DU BOUT DU BOIS.

Angélique-Louise DE CONFLANS
D'ENEUCOURT.

Séraphine-Anne DE FLAVIGNY
DE RIBEAUVILLE.

Madelaine DE LA HOUSSAYE DE
BOURDONNÉ.

Louise-Charlotte DE VILLE-
CHATEL D'HÉMERVILLIER.

Françoise-Louise LE MARANT
DE PENANVERN.

1710.

Marie-Anne BARDON DE SE-
GONZAC (Novice au couvent
des Capucines de Paris ; puis
Visitandine à Montargis).

Marthe DE CAUMONT DE MONT-
CORNET.

Anne-Joseph DE CHABANNES
DE PIONSAT.

Jeanne DE MION DE GOMBER-
VEAUX.

Françoise POSTEL DU COLOM-
BIER.

Marie-Louise DE GUILBON DE
WARIGNYE.

Louise DE VION DE GAILLON.

Elisabeth DU FOT DE VILLE-
FORT.

Jacqueline-Anne DE FLAVIGNY
DE RIBEAUVILLE MONAN-
TEUIL.

1711.

Marie-Thérèse-Victoire DE
CRÉQUY DE VAUGICOURT.

Catherine-Cécile BRUNET DE
NEUILLY.

Marie - Françoise TESTU DE CURY.

Marie-Madelaine DU MOLIN.

Marguerite DE MENON DU-MÉE.

Louise DE SORGY DE LA THUILLE.

Catherine-Élisabeth DE LUIL-LIERS DE BELLEFOSSE.

Thérèse DE BELLOY DE MO-RANGLE.

Claire DE LA BASTIDE.

Anne DE CHAMBORANT DE BOU-CHERON.

Marie - Françoise - Geneviève

BLONDEL DE JOIGNY DE BEL-LEBRUNE.

Marie-Anne DESMIERS DE CHE-NON.

Marie-Anne BOUCHER D'ORSAY DE MAROLLES.

Anne-Thérèse DE LA HAYE DE MARTAINVILLE.

Marie-Anne LE TOURNEUR DE BURBURE.

Madelaine-Angélique DE RO-GNAC DE GRANDMAISON.

Catherine-Gabrielle DE MONT-LÉON DE BEAUPRÉ.

Marie DE PLAS DE SALQUES.

1712.

N... DE BUSSY (religieuse de l'Ave Maria, à Paris).

Yvonne LE GONIDEC DE KER-BISIEN.

Marie-Geneviève DE BARDOUL DE VAUXFEL.

Ursule D'AMBLARD DE LAS MASTRES.

Charlotte-Arthémise DES FOS-SÉS DE BEAUVILLIER.

Angélique FORMÉ DE FRAMI-COURT.

Geneviève DE VANDEUIL D'AS-SONVILLIER.

Anne-Suzanne LE GARDEUR D'EMBLY.

Marie-Élisabeth DE BOUJU DE MONTGRIVART.

Marie-Charlotte D'AILLY.

Marie DU BOST DE BOISVERT.

Madelaine LE BOULLENGER DU TILLEUL.

Catherine DES CROCS D'ES-TRÉES.

Catherine DE GUEIDAN DE BEAUJEU.

1713.

Marie-Jeanne IMBAULT DE MA-RIGNY.

Perrine DE GOULHEZRE DE RULAN.

Madelaine CAVELIER DE SAINT-JACQUES.

Élisabeth-Charlotte D'INVAL DE PARTENAY.

Élisabeth DE SERONNE DE LA SAVONNERIE.

Marie - Thérèse DE LAGRENÉE DE LA MOTTE.

Marguerite DE CAQUERAY.

Anne-Janne-Angélique DE LA RIVIÈRE MONTIGNY.

N... DE PRÉVILLE.

Marie BARDON DE SEGON-ZAC.

Françoise DE LA CHAPELLE.

N... DE ROUVRE.

Marguerite D'ESTUD (religieuse de l'Ave Maria).

1714.

Magdelaine - Victoire DE LA BARRE DE MARTIGNY.

Marguerite DE LA MALADIÈRE DE QUINCIEU.

Marie-Anne DE LA MALADIÈRE DE QUINCIEU.

Françoise DE SÉGUIER,

Louise-Thérèse DE LA ROCHE AYMON DE SAINT-MAIXENT.

Marie-Élisabeth DE SARCUS DE COURCELLES.

Madelaine ALORGE DE SENNE-VILLE.

Henriette-Suzanne DE LOISY DE FRANLIEU.

Anne - Marguerite SENIN DE QUINCY.

Anne - Jeanne - Claude - Pélagie KERSAC DE BOISGELIN.

Charlotte-Jacqueline DE CONTY D'ARGICOURT.

Anne-Jeanne-Angélique DE LA RIVIÈRE DE MONTIGNY.

Marthe-Madelaine DE PRÉVILLE.

Françoise LE MICHEL DE LA CHAPELLE.

Anne - Marguerite DES PLAS (Mariée à Alexandre-Adrien DE LAMBERT, chevalier de Saint - Louis, lieutenant de Roi des Ville et Château de Caen, demeurant en sa terre de Dardée, bailliage de Rouen. Elle apporte 8.000 livres, outre sa dot de Saint-Cyr).

Marie-Élisabeth DE LIMOGES DE SAINT-JUST (religieuse en l'abbaye de Notre-Dame au Bois).

Marguerite-Françoise DE HÉERE DE MARNANT.

Louise PATOUFLEAU DE LA-VARDIN.

Marie-Catherine D'ANDRIEU.

N... D'AVESNE (nièce de Mademoiselle d'Aumale qui donne quittance de la première année de sa pension).

Claude-Aimée DE LOUIESME.

Élisabeth-Louise BROSSIN DE MÉRÉ (morte peu après sa sortie de Saint-Cyr).

Anne-Nonne DE LISLE.

Marie-Renée DE COURTEMAN-CHE DES THUILLERIES.

Marie-Gabrielle DE LAUNOY DE PENCHRECH (novice au couvent des Ursulines de Chartres).

Anne-Claude DE GUERCHY DE THIBAULT.

Marie-Élisabeth D'AGUISY.

Suzanne - Henriette D'ANACHE (morte le 4 mai 1715).

Angélique DE BERTOUL D'AU-TECLOQUE.

Marie-Élisabeth DE SALUCES DE CHAMPETIN (religieuse de l'Abbaye au Bois).

Françoise-Claude CHATEIGNER DE ROUVRES.

1715.

Marie-Jeanne DE GOULHEZRE.

Jeanne - Adrienne DE ROUGIS DE ROISIN.

Louise DE BOSREDON DE BOS-BIÈRE.

Catherine-Victoire DE ROSIÈRE DE LA CROIX.

Françoise-Edmée DE POLLIART.

Marie-Joseph-Marguerite - Joséphine DUPUICH D'ANGRE.

Angélique DE SAINT-POL DE LAPORTE.
Marie DE L'ENFERNAT.
Marie-Jeanne D'ARLOZ DE LA SERVIETTE.
Anne-Nonne DE LISLE GOULHEZRE.
Marie-Antoinette DE PARLANT DE SAIGNE.
Suzanne D'ELCOURT.
Catherine DE BUAT DE GARNETOT.
Paule-Lucrèce DE CICERI.
Marie-Louise DE JAMBOURG DE MONTRELET.
Marie-Gabrielle DE BÉCARIE DE PAVIE DE FOURQUEVAUX.
Madelaine - Françoise - Thérèse DE RIENCOURT DE TILLOLOY.
Louise-Périne GOUYON DE MINIAC.

Marie-Françoise DU DOGNON DE LA SOUDONNIE.
Anne D'ARGENNES DE MONTMIREL.
Henriette-Anne DE CERTIEUX DE LA MANORIÈRE.
Louise-Denise DE BRAQUE.
Catherine-Élisabeth D'AVESGO DU VALHEUREUX.
Élisabeth DE PONTHIEU.
Madelaine-Henriette DE RUNE.
Élisabeth DE PICOT D'AGUISY.
Angélique SAVARY DE LANCOSME.
Louise-Charlotte DE SAINT-POL DUFAY.
Louise-Madelaine DE CALONNE D'AVESNE.
Angélique D'ORCISSE.
Marguerite DE CAQUERAY.

1716.

Louise DE BOISSY.
Charlotte-Angélique DE COMBAULT D'AUTEUIL (novice au couvent de l'Abbaye-au-Bois).
Gertrude DU FRESNOY (novice au même couvent).
Elisabeth DU ROUX DE GAUDIGNY.
Jeanne DAGMAR DE MONTFALCON.
Marie-Angélique DABILLON DE SAVIGNAC.
Jeanne- Marie DE GIOU DE CAYLUS.
Marie-Thérèse D'EQUINCOURT.
Françoise LECLOUX DE GIBERPRÉ.
Madelaine D'ABLOVILLE.
Jeanne-Julie DE RIENCOURT DE TILLOLOY.
Claire-Marguerite DE CUARD DE COGOLIN.

Marie-Louise - Claude D'YDEGHEM DE WATOU.
Madelaine DE CHOISEUL.
Jeanne-Élisabeth-Marguerite DE VION DE GROS-ROUVRE.
Claire D'AUVERGNE DE GAUGNY.
Marie-Anne HENNEQUIN D'HERBOUVILLE.
Jeanne-Catherine-Françoise DE L'ENFERNAT DE SOUVILLIERS.
Marie DE TOUCHET DE BENOIX.
Marie-Madelaine DE BOCANCÉ.
Françoise-Louise DE LAURENS DE LOLIVE.
Marie DE JAUMAR DE TISON D'ARGENCE.
Catherine DE SAINT-MELOIR DE PANET.
Louise DE COUÉ DE LUSIGNAN.
Marie DE FONTANGES (l'aînée).
Marie-Françoise DE BAUDART DES LANDELLES.

1717.

Marie DE BERLE.

Marguerite D'HUMIÈRES D'OL-
MEIRAS DE MONTAMAT.

Marie-Catherine DE BOUJU.

Marie-Elisabeth DE BELLOY DE
BUIRE.

Marie-Anne DE CLERMONT DE
GESSANT,

Marie-Renée DE BOUFFLERS DE
REMIENCOURT.

Catherine DU CHILLEAU.

Marie DU BUT RICHARD DE
LOMMOYE.

Madelaine-Angélique DE BÉAU-
VAIS DE LA COSSONNIÈRE.

Catherine DU VIGNAULT.

Marie-Anne DE LALLIER DE
PRAVILLE.

Marguerite-Elisabeth DE BRIOU
DE LA TOUCHE.

Marie-Anne DE MONSURES DE
GRAVAL.

Madelaine-Charlotte LABÉ DES
AUTIEUX.

Catherine DU BREUIL DE
LOURDOUER.

Marianne DE MASCLAS DE FON-
TANGES.

Marie DU DEFFEND (religieuse
à Gomerfontaine).

Renée-Madelaine GAUTIER DE
BRUSLON DE QUINCÉ (mariée
à Jean-Pierre-Morand, écuyer,
sieur de l'Epinay. Le contrat
de mariage, très-détaillé, est
joint au dossier).

1718.

Françoise BOUCHER DE FLO-
GNY.

Françoise-Adélaïde DE GRIEU
BELLEMARE.

Catherine DE PROHENQUES.

Marie DE RAIMOND.

Suzanne-Marie DE GOULAINE.

Françoise DES PORTES DU
BOURG.

Charlotte-Marguerite DE CAR-
VOISIN.

Marie-Françoise DE CLÉRY DE
SÉRANS.

Jeanne-Françoise-Marguerite
DE DEVEZEAU DE CHASSE-
NEUIL.

Suzanne-Françoise DE ROU-
VRAY.

Marie-Barbe D'ISARN DE VILLE-
FORT (sa mère, sous-gouver-
nante du roi Louis XV).

Jeanne-Marie D'OSBOURG DE
PACAVOINE.

Françoise D'ELPUECH DE LA
BASTIDE DE CAGNAC.

Marie-Anne SIBUET DE CHA-
TEAUVIEUX (son père, major
de la citadelle de Strasbourg
en 1719).

Clémence DE SARCOVIN DE
PRAVIEUX (morte peu après
sa sortie de Saint-Cyr. Ses
parents ont hérité de sa dot).

Anne-Elisabeth DE SABREVOIX
DES MOUSSEAUX.

Françoise-Charlotte DE LA
FONTAINE DE SOLARE.

Marguerite-Françoise JACQUES
DE CHIRÉ.

Jeanne COGNET DE FRIAN-
COURT.

Marie LE ROY D'OLIBON.

Anne-Françoise de GENTIL DE LA JONCHAPT.

Marie - Françoise DE VILLE-POIX.

Claire de SABREVOIX.

Marie D'ARC D'AUTHY.

Marie-Madelaine DE NESMOND DES ETANGS.

Françoise-Scolastique DE DANGY DU BOIS (l'aînée).

Charlotte LEGRAS DE VAUBER-CEY.

Marianne DE BAUDART DES LANDELLES.

Marie - Louise DE CHABOT (l'aînée).

Henriette-Elisabeth DE FOISSY.

Marie-Louise DE MALART.

Marie-Léocade DE BERTOUT DE HAUTECLOQUE (novice au couvent des Dominicaines de Merville).

Anne-Claude DE FLAVIGNY DE RENANSARD.

1720.

N... SARAZIN DE BONNEFONT.

Madelaine-Charlotte DE VILLE-RAUT.

Marie-Madelaine DE COEURIS DE COGOLIN.

Antoinette DE CAQUERAY DE VADANCOURT.

Marguerite LEVASSEUR D'AR-MANVILLE.

Marguerite DE THIBAULD DE GUERCHY.

Marianne DE BIGANT.

Marie-Alexie D'ABONDE DE VULAINE.

Anne-Barbe DE GUILLON DE WARIGNY.

Jeanne-Elisabeth D'ERQUELIN-GUE.

Jeanne D'AMBLARD.

Marie-Geneviève DE MORIENNE.

Françoise DES PLATS.

Angélique DE SAINT-MEXENT.

Anne-Françoise DE RIEN-COURT.

Françoise DE LARRY.

Marie-Madelaine BOUCHER DE MAROLLES.

Marie-Henriette DE LA VOIRIE DE LA ROCHE.

Jeanne DE BERGER DE RIVIÈRE.

Louise-Marthe DE LOISY DE FRANLIEU.

Anne-Marguerite RAIMOND DE VILLOGNON.

Marie-Françoise DE LESPINE d'HENNEQUIN.

Renée-Françoise DUPIN DE LA COSTELARY.

Isabeau DE GENTIL DE LA JONCHAPT.

Elisabeth DE RAIMOND DU CARLOT.

Marie-Claude DE COLAIR DE CINTRÉ.

Anne DE HOUDAN DES LANDES.

Catherine-Jeanne-Charlotte DE BOUCHARD DE RAVENEL.

Louise-Marie DE FONTAINE DE VILLETTE.

Louise-Catherine DE LA RI-VIÈRE DE LAGARDE.

Catherine-Françoise DE YDEG-HEM DE WATOU.

Marie-Anne DE LA ROCHE AY-MON DE SAINT-MEXENT.

Marie DE BRIDOUL D'AUTHY.

Marguerite-Robine DU CAR-PONT DE KERVENY.

1721.

Françoise DE GENTIL DE LA JONCHAPT.
Geneviève DE HÉNAULT.
Anne-Angélique DU HECQUET.
Madelaine DE BELLEFONT.
Marie-Jeanne FONTAINE D'ORVICOURT.
Claude-Michelle DU CARPONT.
Catherine-Suzanne CHABOT.
Madelaine BAUDOIN D'ESPINAY.
Catherine-Jacinthe DE SÉBOUVILLE DE VIGNORA.
Marie-Madelaine LE ROY D'OLIBON.
Marie-Anne DE PONTHIEU.

Anne-Perette DE LA ROCHE-LAMBERT.
Marie-Joseph DAVY DE LA PAILLETERIE.
Marie-Anne DE BRUSLARD.
Marie-Françoise DE TAHUREAU DE LA CHEVALERIE.
Louise-Catherine DE TAHUREAU DE LA CHEVALERIE.
Marguerite FORGET.
Françoise D'AIGREMONT.
Renée DE LA TULLAYE DE LA JAROUSSAYE.
Claude-Barbe DE CHANGY.
Marguerite-Antoinette DE PLANET DE MOISSART.

1722.

Marie-Thérèse DE GRIMOUVILLE.
Marie-Anne DE LAS MASTRES.
Françoise DE GANAULT DE BLAINVILLE.
Catherine-Julie DE VALORY.
Claude-Louise DE BUXEUIL.
Charlotte BLONDEL DE BELLEBRUNE.
Jeanne-Reine D'AMBLAND DE LAS MASTRES.
Michelle-Charlotte DE LA FONTAINE DE SOLARE.

Agnès CHARPIN DE GENETINES.
Jeanne DE BOSREDON.
Marie-Madelaine DE BOUGARD.
Marie-Anne-Madelaine DE SAINT-ASTIER DE LA VARENNE.
Catherine DE MELET.
Jeanne DUPONT DE BOURNEUF.
Louise-Elisabeth DE ROCHECHOUART DE MONTIGNY.
Benoiste-Claude DE CANNESSON.

1723.

Catherine DE SAILLY DE BOUGLAINVAL (novice au couvent de la Visitation de Sainte-Marie, à Chartres).
Louise-Angélique DE RUPIÈRE (son père, comte d'Aumale,

seigneur du Mont-Notre-Dame).
Marie-Jacobée-Alexandrine DE DOUAULT D'AULNAY.
Claire-Josèphe D'OSTREL
Marie DE QUINCARNON.

Marie BACHELIER D'OUTRE-VILLE.

Henriette-Josèphe-Nicole D'ARRAS D'AUDREY.

Marie-Josèphe DE LA BRUYÈRE DU MONCET (son père, capitaine de cavalerie au régiment de La Ferronais).

Marie DE ROQUE DE FOURCHAUD.

Marie-Thérèse DU TERTRE.

Gabrielle-Jacqueline DE CANNESSON.

Marie-Anne DE RIBEIREYS.

Madelaine DE RENTY DE LA BULLIÈRE.

Marie-Charlotte DU BUT DE WAILLY.

Charlotte-Angélique DE PREZ DE LA QUEUE.

Hélène-Nicole DE FONTAINE DE BOCASSELIN.

Marie-Rosalie DE SAINXE DE MULLIÈRE.

Louise DE BOISGUYON.

Marie GOUHIER DE BOISVILLE.

Marie-Anne DE SALUCES.

1724.

Françoise-Bonne DE ROCHEFORT.

Bénigne-Henriette-Angélique DE CHAMPAGNE DE MORSUIS.

Marie-Hélène-Charlotte LE MÉTAYER DE LA HAYE LE COMTE.

Anne-Caroline DE HAYNIN (à Valenciennes).

Marie-Thérèse DU HAMEL DE CANCHY.

Marie-Thérèse DU LAU DE SELLETTE.

Marie-Marthe DE LAHORS DE LA SARLADIE.

Louise DE FORCEVILLE.

Françoise D'ESCORAILLES DE SALERS.

Marie-Thérèse DE BOURGART.

Marie-Charlotte DU MOUCHER DE BEAUMONT.

Henriette-Antoinette DE GARGES D'ORMOY.

Thérèse DE FRESNES.

Charlotte DE DAVID DE PERDREAUVILLE

Marie-Jacqueline DE ROUSSEL D'HERLY.

Marie-Marguerite DE JOIGNY DE BLONDEL DE BELLEBRUNE.

1725.

Elisabeth-Charlotte DE MARCONNAY DE CHATEAUNEUF.

Louise DE SALUCES.

Henriette DE RAYMON DE VILLOGNON.

Marie-Anne DE BAUDART DES LANDELLES.

Marie-Louise-Charlotte DE SAINT-AUBIN (religieuse au monastère de Saint-Louis de Poissy).

1726.

Josèphe DU POUY DE SACÈVE.

Marie-Anne PETIT DE LA GA-
YÈRE.

Marie-Anne LOUAIT DE LA
SAUDRAYE.

Elisabeth DE BELLOY DE MO-
RANGLE.

Marie-Anne DU HAN DE CRÈ-
VECŒUR.

Anne D'ALBON.

Marguerite-Henriette DE BRI-
DOUL D'AUTHY.

Marie-Anne DAREY DE MON-
FRIOL.

Louise DE CUGNAC D'IMMON-
VILLE.

Catherine DE BOSREDON.

Suzanne-Françoise DU MESNIL
DE DRAGUEVILLE.

Marie-Thérèse D'ESCORAILLES
DE SALERS.

Anne-Françoise DE CAQUERAY
DE VADANCOURT (religieuse
au monastère de la Présentation de Notre-Dame, à
Paris).

Catherine-Joseph DE FORCE-
VILLE DE MERLIMONT.

1727.

Radegonde SERIN DE LA COR-
DINIÈRE.

Marguerite-Gabrielle-Françoise
DE MONTHEUVIS DE LA
COUR.

Henriette DE BEAULIEU DE
GOURVILLE.

Jeanne DE FAURE DE LA COMBE
(novice au couvent de Notre-
Dame de Gannat).

Anne-Madelaine DE SAINT-AS-
TIER DE LA VARENNE.

Madelaine-Bonne DE BARVILLE
DE NOCÉ (mariée à Jean de
la Houssaye, écuyer, sieur
de Gaillon, etc.).

Madelaine-Suzanne DE MORNAY
DE MONTCHEVREUIL.

Marguerite-Anne BARBARIN DE
CHAMBON.

Jeanne DES AIVELLES.

Marie-Anne DE SÉBOUVILLE DE
VIGNORA.

Louise-Charlotte DES CORCHES
DU MESNIL SAINTE-CROIX.

Victoire DES PLATS (mariée à
Pierre de Galabert de Haut-
mont).

Marthe DE MONTBEL.

Françoise DE SALUCES.

Michelle FORMÉ DE FRAMI-
COURT.

Jeanne DE LA BOSSIÈRE.

Louise Elisabeth D'AMBLY.

Louise-Madelaine DE LONGUE-
VILLE.

Louise LAMBERT D'ARGENCE.

Charlotte-Françoise DE NOUE.

Marie-Françoise DE SAINT-
MARTIN.

Françoise-Claudine DE LA
GRANGE DE GESSANT DE
CLERMONT.

Marie DES NOS DE PANNARD.

Charlotte LE GRAS DE VAU-
BERCEY.

1728.

Claire D'ELPUECH DE LA BAS-
TIDE.
Marie DE LIVRON (religieuse de
la Charité de Paris).
Elisabeth-Madelaine DE RIEN-
COURT.
Gilberte DE JAS DE SAINT-
BONNET.
Marguerite DESPERROIS DU
BOUCHAU.
Marie-Anne LE ROY D'OLI-
BON.
Marthe-Madelaine DE DESSUS
LE PONT.
Marguerite-Charlotte SÉVIN DE
QUINCY.
Marie-Angélique D'ESCORAIL-
LES DE VALUCÉ.
Catherine ROBIN DE BELAIR.
Barbe-Antoinette-Louise-Fran-
çoise DE VAUZELLES.
Françoise DESCHAMPS DE SA-
LORGES (mariée à Pierre-
Marie Deshulmiers de Mon-
tifault).
Jeanne-Charlotte DE SÉGLA.
Elisabeth-Guillemette DE MOR-
NAY DE PONCHON.
Françoise DE LA MONNIÈRE DE
LA MONNIE.
Renée-Françoise DE FONTAINE
DE BOISJOSSE.

Marie-Charlotte DE HAIDOY DE
POURMAINVILLE.
Anne DES PLATS (mariée à
Georges Timoléon de Daruis.
seigneur de Gigonzac et
conseiller en la Cour des Ai-
des de Montauban).
Marie-Anne DE LA LANDE DE
VERNON DE LA POMMERAYE
(novice au couvent de Notre-
Dame de Poitiers).
Madelaine DE NOLLANT.
Louise-Éléonor DE MOLITARD
(novice au couvent de Saint-
Avit-lès-Châteaudun, ordre
de Saint-Benoît).
Marie AUTHIER DE LA HAYE
DE LA BASTIDE.
Marie-Anne DU FAYET DU
MOUTIER.
N... MOTÉ DE LA LOUÈRE.
Marie-Louise-Victoire DE COM-
BAULT D'AUTEUIL (novice au
couvent de l'Assomption à
Paris. « Haudriettes »).
Marie-Thérèse LE MÉTAYER DE
LA HAYE LE COMTE (béné-
dictine).
Robertine-Aldegonde DE BER-
TOUL DE HAULTECLOQUE (re-
ligieuse de Notre-Dame de
Chelles).

1729.

Marguerite-Charlotte DU PLES-
SIS D'ARGENTRÉ.
Adélaïde-Thérèse DE VERNY.
Marie-Marguerite DE GLAPION
DE ROSNY.
Marie-Anne DE LA PORTE DES
VAUX.
Jeanne-Renée DE LALLIER.

Louise DE PASTOURS.
Henriette-Etiennette-Magde-
laine DE LA GRANGE DES
MURS.
Catherine DE LA GRANGE DES
MURS.
Marie-Marguerite DE GASTEL
DE MÉLICOURT.

Claude - Charlotte DE ROUCY DES AYVELLES.
Marie - Elisabeth D'ERNEVILLE DE GIZAY.
Marie-Christine D'ESCAJEUL.
Marie DE CAMBRIS DE FOUR.
Marie-Anne-Geneste DE MALROMÉ.
Renée DU BEC.

Luce DE COUX.
Jacquette-Françoise DE LA LANDE DE SAINT-ETIENNE.
Louise-Marguerite D'ABONDE DE VULAINE (religieuse de Notre-Dame-de-la-Joie).
Marguerite DE DURAT.
Pélagie DE GUÉRIN DE BRULARD.

1730.

Marguerite-Thérèse DE VERNY DE GRANDVILLIERS.
Anne Magdelaine DE BEAUCHESNE DE BALLODE.
Marie-Catherine DE BOISSON DE LA GUERCHÉ.
Angélique-Philippe-Jacquine DE HARDOUY DE LA GIROUARDIÈRE.
Gilberte DE LAIZER DE BRION.
Françoise - Marguerite - Claude DE ROMECOURT.
Catherine DU BEC.
Marie-Anne DE BONNIVET DE GOUFFIER (religieuse à Gomerfontaine).
Louise Péronnelle-Claude SARRAZIN DE BONNEFOND.

Lucie AUJORRANT.
Hyacinthe-Brigitte AUJORRANT.
Marie DE BARVILLE.
Charlotte BRESTEL D'HIERMONT.
Marie-Elisabeth DE MONTAL DE NOSIÈRE.
Marie-Anne - Elisabeth D'ESCAJEUL DE NEUFRAL.
Charlotte-Elisabeth DE CUGNAC.
Catherine LE GROIN DE SAINT-SAUVIER.
Marie-Anne DE BEAUFORT.
Marie-Adélaïde DE SALUCES (religieuse visitandine à Sainte-Marie de Poitiers).
Catherine DE PREZ - DE - LA - QUEUE.

1731.

Marie-Charlotte D'HOZIER DE LA GARDE.
Suzanne-Brigide DE LOUREUX DE VIGNY.
Marthe-Françoise DE LUBERSAC (mariée à Hélie Parquet de Savignac, seigneur de Priezac. — Uzerche en Limousin).
Anne DE GUEULLAY DE RUMIGNY.
Marie-Anne DE SAINT-RUTH.

Elisabeth DE PARTHENAY D'INVAL.
Marie COUSIN DE LA TOURFONDUE.
Catherine-Elisabeth DE LANGE DE VILLEMAN.
Louise DE LAIZER DE BRIOU.
Marie-Madelaine DE LA RUE DE LANOVE.
Marie-Louise-Reine-Agathe LE VENEUR DE VILLE CHAPRON

Madelaine DE LUZY.

Marie-Anne DE BELLIVIERS (novice au couvent des Ursulines de Mantes).

Eléonore-Dominique DE COUPIGNY.

Anne-Louise DE BOUARD DE ROUSSIEUX.

Marie-Anne DE LANTHILLAC.

Suzanne-Renée DU BAILLEUL.

Françoise-Charlotte LE PAGE DE PRÉCY.

Madelaine-Marguerite DE PLANTES.

Marie-Anne DU FAYET DE LA TOUR DE CLAVIÈRES.

1732.

Marie-Mathilde VAN DAM D'AUDIGNIES.

Eustache-Emilie DE GENTIEN.

Marie-Catherine HURAULT.

Marie-Thérèse DE LA LANDE DE VERNON (novice au couvent de la Visitation de Poitiers.)

Anne-Catherine DE SAILLY DE BOUGLAINVAL (novice au couvent de la Visitation de Sainte-Marie, à Chartres.)

Amable-Adrienne DE SARRAZIN (novice au couvent de Notre-Dame de Gannat.)

Marie-Anne-Reine DODOIRE D'AIGREVILLE.

1733.

Marie-Guy-Angélique DES CEPEAUX.

Marie-Anne-Thérèse BERNARDY DE SIGOYER.

Marie-Madelaine SÉVIN DE QUINCY.

Louise-Gabrielle LE VENEUR DE BEAUVAIS.

Marie-Antoinette-Cécile DU WICQUET DE RODELINGHEM DE SAINT-MARTIN.

Thérèse DES NOS DE PANNARD.

Marie-Thérèse TAHUREAU DE LA CHEVALLERIE.

Marie-Anne-Thérèse DES LIGNERIS.

Marie-Marguerite DE SAINT-ANDRÉ (novice au couvent de l'Union chrétienne de Tours.)

Thérèse-Joseph DE LAUDAS DE MORTAGNE.

Marie ESTOURNEAU DE TRÉSANNES.

Marie-Françoise-Agathe DE CACHELEUX DE BOUILLENCOURT.

Geneviève-Césarie DE BEAULIEU DU FAYEL.

Madelaine-Nicolle BOUETTE DE BLÉMUR.

Marie DE SAINT-MARTIN DE TOUR EMPRÉ.

Catherine-Clémence-Gabrielle HEERE (novice au couvent des Carmélites de la rue de Grenelle, à Paris.)

Anne-Thérèse DE SAINT-JULIEN.

Marie-Elisabeth DE SAILLY DE POMMEREUIL.

Marie-Anne DE COURTOUX.

Magdelaine-Clément DU VAUX DE L'HÉVAULLE.

Marie-Louise-Éléonore DE BI- | diocèse de Clermont-Ferrand,
LIEUX DE SAINT-GÉORGES. | ordre de Cluny.)
Emmanuelle DE MACON (novi- | Charlotte-Catherine-Louise DE
ce au couvent de Laveine. | BRIE.

1734.

Renée-Agnès TESTU DE PIER-
REBASSE.
Marie-Anne-Antoinette DE SÉ-
BOUVILLE.
Marie-Jeanne THÉBAUT DE BOIS-
GNOREL (novice au couvent
et hôpital de Saint-Julien et
Saint-Basilisse, rue Mouffe-
tard, à Paris).
Elisabeth DE TAURIAC.
Magdelaine-Anne-Elisabeth DE
BONNIVET DE GOUFFIER.
Louise-Thérèse DE LA BRUYÈ-
RE.
Anne DU PONT DU VIVIER (ma-
riée à Jacques de Tarade,
écuyer, gentilhomme ordi-
naire du Roi.)
Marie-Geneviève DE MAUSA-
BRÉ.
Marie-Jeanne POSTEL DES MI-
NIÈRES.
Jeanne-Marie DE FRAIGNE.
Marie-Anne DE BELAIR (novice
au couvent de Notre-Dame
de la Paix, à Chaillot.)
Marie-Angélique-Françoise DE
MANNAYS DE CAMPS.
Marie-Anne-Louise FRÉDY DE
COURBERTIN.

Marie-Thérèse DE LA PORTE DE
VEZIN (novice au couvent
des Carmélites de la rue de
Grenelle, à Paris.)
Marie-Angélique-Charlotte DE
LION DE COLIGNY.
Marie-Jeanne-Françoise DE
CAIRON DE LA MOTTE.
Anne-Catherine DE LAUZON DE
LA POUPARDIÈRE.
Anne-Adelaïde DU FAYET DE
LA TOUR (mariée à M. de
Chavaroche.)
Marie-Henriette DE CHAM-
BRAY.
Thérèse-Marguerite ROBIN DE
LA TREMBLAYE.
Catherine-Françoise-Elisabeth
PRETEVAL DE PANNILLEUSE
(novice au couvent de Saint-
Dominique-les-Montargis.)
Jeanne-Françoise-Antoinette
DE LA ROCHEFOUCAULD DE
NEUILLY (mariée à Barthé-
lemy de Blanes, chevalier,
mousquetaire du Roi.)
Marie-Françoise DE FONTE-
NAY.

1735.

Marie-Jeanne DE COMBES DE
MIRMONT.
Marie-Anne DU LIGONDÈS.
Angélique D'AUGSBOURG.
Victoire-Aimée DE MORNAY.

Marguerite D'ANDRIEUX DE LA
HOUSSAYE.
Charlotte-Camille D'ORILLAC.
Marie-Marguerite-Françoise DE
RIENCOURT.

Marie-Joseph-Austreberthe DE BAMAST DE SEPTFONTAI- NES.

Elisabeth DE LOUAN DE FON- TARIOL.

Barbe-Louise BRAUD DE SAN- NOIS.

Marie-Anne-Victoire DE TAS- CHER DE LA PAGERIE (no- vice au couvent de la Bour- dillière, ordre de Cîteaux. près de Loches en Tourrai- ne.)

Jeanne-Agathe DE VANSSAY.

Anne - Angélique ISLE DU BREUIL DE BEAUCHESNE.

Marie-Madelaine DE GORIN.

Angélique DE VALORY.

Marie-Barbe DE LA RUE DE LA GRANGE.

Elisabeth FÉRA DE ROUVILLE.

Marie-Magdelaine DE SAQUE- PÉE (novice à la Congréga- tion de Notre-Dame, à Châ- teau-Thierry.)

Marie-Thérèse DE MAROLLES.

1736.

Barbe-Charlotte DE LOUTREL DE SAINT-AUBIN.

Marie-Louise DU HOULLEY.

Marguerite-Françoise SÉGUIER.

Marie-Catherine DE CAQUERAY DE VADANCOURT.

Marie-Jeanne-Thérèse DE BEAU- VAIS DE VILHAC (novice au couvent des Carmélites de Limoges.)

Angélique D'ORILLAC DE MET- TRAY.

Catherine-Hélène DE SABRAN DE BAUDIVAR (novice à l'ab- baye de Notre-Dame de l'Eau, ordre de Cîteaux près de Chartres.)

Marie DE SAINT-FIEF (novice au couvent de Tusson. ordre de Fontevrault.)

Marie-Jeanne DE GLAPION.

Jeanne DE LA SUDRIE (mariée à Pierre Bonnefoy, docteur en médecine.)

Bonne - Marie - Françoise DE ROMÉ.

Elisabeth - Madelaine D'ES - TRÉES.

Anne BORDIN DE LA SAUS- SAYE.

Louise-Françoise DE BARAUDIN DE MAUTHELAN.

Gabrielle DE RIOLZ DE MA- DRIAC.

Marie-Victoire DU PLESSIS DE LA MERLIÈRE (novice au couvent des Bénédictines d'Amilly, près de Montargis.)

Marie-Madelaine DE BONI DE LA VERGNE.

Marie-Louise DERGNOUT DE PRESSENVILLE.

Marie-Anne D'ANGLARS DE CRÉZANEY.

Jeanne-Madelaine DE FLORI - MOND (novice au couvent de la Visitation de Sainte-Marie à Salins.)

Thècle-Mélanie DE BELLOY.

Marie BAUDIN DE VAUX.

Thérèse DU CLOSEL.

Marie-Jeanne RICAULT DE LA BONNERIE.

1737.

Marie-Francoise DE SARIAC.
Elisabeth DE BARENTIN.
Claude-Marie DE FLORIMOND.
Geneviève – Pétronille – Guille-mette DE CAUVIGNY.
Marie-Lyonne-Romaine D'ANGLARS DE CLUS.
Jeanne DE NOAILLAN.
Marie-Angélique-Reine DE LA FRESNAYE DE SAINT-AIGNAN.
Geneviève DE BUGARD DE LA SALLE.
Marie-Gastonne D'ERNEVILLE DE POLIGNY.
Gabrielle-Agnès DE BARVILLE.
Marie – Aimée DUFRESSE DE BEAUSOLEIL.

Guyonne-Yvonne CHRESTIEN DE LA MASSE.
Françoise-Antoinette DE BÉDORÈDE DE MONTOLIEU.
Marie-Anne-Victoire SÉGUIER (mariée à Jacques Conrart. sieur de Carmillon, ancien mousquetaire du Roi.)
Marie – Jeanne – Françoise DE GRUY.
Anne-Marguerite DE LAUNAY DE LA CADIÈRE.
Madelaine-Joseph DES CEPEAUX DE MOULINVIEUX.
Suzanne D'OFFAY DE RIEUX.
Eugénie-Caroline DAIGUEVILLE DE MILLANCOURT.
Catherine DE COURTOUX.

1738.

Madelaine GAULTIER DE LAUNAY DE FONTAINES (au château de Fontaines, près la Flèche.)
Brigide COUSIN DE LA TOUR FONDUE (mariée à M. de Bessières.)
Anne-Michelle VIART DE PIMELLE.
Marie DE LA TOUR DE LANGLE.
Marie DE GONTAULT DE MONTFERRAND.
Marie-Jeanne - Louise DE LA ROCHE DE LA BARTHE.
Marie-Anne-Ursule DE BEAUJEU (novice au couvent des Ursulines de Dieppe.)
Marguerite MOISSON DE PRÉCORBIN (novice au couvent des Visitandines de Caen.)
Elisabeth – Eléonore- Gabrielle LE ROY DE JUMELLE.

Catherine BOETTE DE BLÉMUR (novice au couvent des Dames de Saint–Louis de Poissy).
Jeanne–Françoise DE SAINT-PERN DE LIGOUYEN DE LA TOUR.
Marie - Anne – Marguerite DE BARVILLE.
Louise – Françoise – Edmée DE GRIEU.
Marie-Cécile-Henriette D'OSMOND.
Marie-Anne DE CAQUERAY DE LA SALLE.
Marie-Françoise DE CHALUS DE COUSANS.
Marie–Madelaine DE LA BRUYÈRE.
Marguerite DE CAHORS DE LA SARLADIE.
Marie DE BOISLEVÉ DU PLANTY.

Marie-Catherine DE LION.

Colombe DES ARDENS.

Françoise HUGON DU PRAT.

Marie-Françoise DE VOSSEZ.

Marie-Marguerite-Alexandrine DU BOIS DES HOUES.

Marie-Madelaine DU PLESSIS DE LA MERLIÈRE (novice au couvent des religieuses hospitalières de Loches.)

Marie — Joseph DE MANIGUET.

1739.

Marie-Françoise DE BÉRARD (novice au couvent des Dames de Saint-Louis de Poissy).

Anne GAULTIER DE LA FERRIÈRE.

Françoise-Mélanie DE DIAUDOS DE CASTÉJA.

Antoinette ROYRAUD DE SAINT-ALBAN.

Thérèse-Elisabeth BOUTET DE LAZEVET (novice au couvent des Augustines de Beaulis, près Loches, en Touraine).

Suzanne DU BELLOY.

Marie-Elisabeth DU PASSAGE.

Louise-Elisabeth DES BROSSES DE GOULET (novice au couvent des Visitandines d'Alençon)

Jeanne-Françoise KADOT DE BOUTEVILLE-SEBEVILLE.

Gastonne-Louise-Catherine DE THÉVILLE.

Geneviève-Rosalie LECLER DE FLEURIGNY.

Françoise — Mélanie SANGUIN DE ROCQUENCOURT (novice au couvent des Dames de Saint-Louis de Poissy.)

Marie-Louise-Marguerite DE GREAUME.

Angélique-Geneviève DU GUIRY.

Marie-Madelaine DE RIBIER DE VILLEBROSSE (mariée à Nicolas Lehirat, négociant, le 7 septembre 1739.)

Anne-Louise D'AMBLIS.

Charlotte-Marie DE GLAPION.

Marguerite DE BANNE D'AVEJAN.

Angélique DE GOULARD D'ARÇAY.

Louise-Thérèse DE COMBAULT D'AUTEUIL.

Suzanne DE L'ESTENDART.

Marie-Anne-Corentine DE NOGENT (novice au couvent des religieuses de la Trinité de Caen.)

Marie-Rose DE BOUGY (Mariée à Philibert Thiroux de Chammeville, écuyer, seigneur de Billeron, fermier général des Postes.)

Marthe D'ESPAIGNE DE VENNEVELLES.

Marie-Madelaine DE HACQUEVILLE.

Marie-Constance DE LENTILLAC (chanoinesse de Remiremont).

Catherine DE LENTILLAC (chanoinesse de Remiremont.)

Bonne-Anne DE QUINEMONT.

Geneviève-Thérèse DE FLEURIGNY.

1740.

Jeanne-Anne-Marguerite DE CASTRES D'ARSILLY (novice au couvent de Notre-Dame de Hautes-Bruyères.)

Jeanne - Charlotte - Catherine CAIRON DE LA MOTTE (novice au couvent des Visitandines de Caen.)

Charlotte-Geneviève-Louise DE ROQUIGNY.

Jeanne DE COUX.

Catherine DE MATHEFTON.

Marie-Gabrielle DE GISLAIN DE VEPTRON.

Madelaine D'OFFAY DE BEAU-PEPAIRE.

Louise-Thérèse D'AUMALE DU MONT-NOTRE-DAME.

Marie-Anne LECOMTE DE BOIS-ROGER.

Marie-Gabrielle DE SAINT-JU-LIEN DU PUECH.

Charlotte DE BIEVILLE DE CHANTELOUP.

Suzanne-Renée D'ESCOUBLANT.

Catherine DE CONFLANS DE CHAMPLAINS (novice au couvent des dames de Saint-Louis de Poissy).

Jeanne-Henriette DE CONTY (novice au couvent des religieuses bénédictines d'Ori-gny-Sainte-Benoîte.)

Eléonore DES HAYES DE CRY.

Claude - Antoinette - Anne DU BLAISEL DE LA NEULILLE.

Marguerite DE RAYMONDIS (mariée à Jean-Joseph du Périer seigneur de la Garde.)

Rose-Marie D'ERNEVILLE DE POLIGNY.

Louise Geneviève-Fortunée DE LA FAYE.

Marie-Anne D'ESCORAILLES DE LA COSTE.

Marguerite DE GOGUÉ DE MOUS-SONVILLIERS.

Catherine DE PROHENQUES.

Françoise-Sylvie THÉBAUT DE BOISGNOREL (novice au couvent des religieuses hospita-lières de la Miséricorde, à Paris.)

Isabeau D'ARZAG.

Marguerite-Louise DE SAINT-BELIN DE LA RIELLE.

Marguerite DE LA ROCHE.

Jeanne-Claude-Pétronille DE NORMANVILLE.

Marie - Thérèse - Perpétue DE TRESTONDAM.

1741.

Anne-Françoise DE BEAUJEU.

Anne-Marguerite DE MALES-PINE.

Françoise-Rosalie D'ARRAS (novice au couvent de Saint-Pierre d'Avenay).

Elisabeth-Jeanne DE LA MA-NEYE DE CLAIRAC.

Marguerite-Elisabeth DE CROIS-MARE.

Marie-Anne DE COHORN DE LA TOUR.

Marie DE COMBES DE MIRE-MONT.

Marguerite-Louise DE CAZEAUX.

Marie-Madelaine DE ROMANS (novice au couvent de Notre-Dame des Loges).

Marie-Denise DE CLÉRY.

Marie-Anne DE CHAMBRAY.

Geneviève–Elisabeth DE CAS-
SANT (novice au couvent des
Annonciades de Gisors).

Catherine-Françoise DE BONA-
MOUR VISDELOU.

Jeanne-Marie-Anne DE BOU-
CHER DE MILLY.

Henriette DE LANGE.

Marie–Jeanne MARÉCHAL DE
FRANCHESSE.

Françoise-Geneviève DE LES-
COURS DORADOUR.

Jeanne DE GINESTOUS D'AR-
GENTIÈRES.

Marie-Louise-Armande D'ISARN
DE VILLEFORT.

Agnès—Benoiste—Alexandrine
DE BÉRODÈDE DE MONTO-
LIEU.

Reine DUCREST.

Françoise DE CHASTENAY.

1742.

Marie–Adelaïde SANGUIN DE
ROQUENCOURT (novice au
couvent de Notre–Dame
d'Yerre en Brie).

Catherine-Bénigne D'HUVISSEL.

Louise–Antoinette–Florimonne
DE BOFFLE D'ENZEH.

Barbe–Louise DE LA PLACE.

Anne-Louise DE SAINT-DENIS.

Marie-Claude DE TILLY DE
PRÉMONT.

Madelaine-Françoise SCOT DE
COULANGES.

Marie-Catherine D'ERNEVILLE
DE POLIGNY.

Renée-Françoise–Madelaine DE
BOISJOURDAIN.

Catherine-Charlotte DONVILLE
D'ANGLURE.

Marie–Marthe–Angélique DE
GIVRE.

Madelaine-Emilie DE BROC.

Elisabeth-Claire DE CHOISEUL
(novice au couvent de Sainte-
Glossinde de Metz).

Elisabeth-Louise-Françoise DE
BOURDIN DE MONSURES.

Renée-Emilie DE CROISMARE.

Marie-Anne-Michelle DE SAINT-
PRIVÉ (novice au couvent
de l'Annonciade de Sens).

Jeanne–Louise DE PONT DE
BOURNEUF.

Anne-Antoinette DE CHAMPS DE
SALORGE.

Marguerite-Aimée GUGNOT DE
SOLIGNAC.

Gabrielle-Corentine DE NO-
GENT.

Marguerite-Camille DE BOIS-
GELIN.

Claire DE GOURMONT.

Elisabeth DU BOIS DE LIBERSAC
(en Périgord).

1743.

Rose-Blanche DE FRANSURES.

Françoise-Elisabeth D'AULTRY.

Marie-Louise-Jacqueline D'AUL-
TRY.

Jeanne PRÉAULT D'AUBETERRE
(religieuse professe à l'abbaye

du Parc-aux-Dames, près
Crespy, ordre de Cîteaux.

Catherine DE PESTEILS DE LA
MAJORIE.

Marie-Joseph DU PONT DE
CHAMBON.

Catherine - Françoise-Charlotte DE LA FERTÉ DE MUNG.

Scholastique - Florence D'AUMALE.

Thérèse-Henriette AUBERT DE COURSERAC.

Gabrielle-Angélique DE RÉMONT.

Marie-Louise DE BESCHON DE CAUSSADE.

Marianne DE BANNE.

Marie DE LA FÈRE DU BOUCHAULT (religieuse Carmélite à Paris).

Charlotte-Françoise DE LAUGIER.

Françoise DE PONS DE BELLESTAT.

Geneviève DE MARLE D'AUTIGNY.

Jeanne CHANTELOT DE QUIRIELLE.

Marie-Marcette-Françoise DE LOPIS (mariée à Joseph de Pélissier, chevalier, auditeur ordinaire de la Rote d'Avignon).

Anne-Nicole DE FRANCE DE LAUDAL.

Anne-Louise DE SINETY.

1744.

Charlotte-Fortunée DE MONT-LOUIS (novice au couvent du Farnet).

Amable-Françoise-Catherine DE BEAUFRANCHET D'AYAT (mariée à Alexandre du Guilheim, chevalier, seigneur de Verrières).

Madelaine-Hippolyte DE LAMURE (morte peu après sa sortie de Saint-Cyr, le 24 août 1744, âgée de vingt ans et six mois. Elle avait fait son testament en faveur de sa mère, « dame Marie-Anne d'Audiffret, épouse *délaissée* de Jean Bourguignon, marquis de Lamure. » Diverses pièces, entre autres l'extrait des registres mortuaires, sont jointes au dossier).

Louise-Elisabeth DE LOPIS DE LA FARE.

Angélique DE TRESSEMANES.

Catherine DE NARBONNE.

Marie-Anne DE LENTILHAC (religieuse au couvent de Notre-Dame de la Règle à Limoges.)

Dauphine DE TESTARD DE LA CAILLERIE.

Elisabeth-Claudine DU BLAISET.

Madelaine DE SÉGUIN DE REYNIÈS (morte peu après sa sortie de Saint-Cyr. Son père, le marquis de Reyniès, hérite de sa dot.)

Marie-Antoinette AUDRAS DU MONTOIS.

Marie-Jeanne-Madelaine MALLARD DE FAY.

Louise DAVOUST.

Marie-Geneviève DE CAIRON (novice au couvent de Saint-Laurent de Cordillon.)

Marguerite SANAILLAC DE SAINT-FIEF (novice en l'abbaye et Hôtel-Dieu de Saint-Louis de Vernon).

Jeanne - Françoise DE MORIENNE.

Madelaine DE TASCHER DE LA PAGERIE.

Marianne-Angélique DE MONTIGNY DE VIOLAINE.

1745.

Marie-Anne DE CHÉRY.

Marie-Louise DE LA GOUPIL-LIÉRE (novice en l'abbaye et hôtel-Dieu de Saint-Louis de Vernon).

Marie-Marthe DE BEAUVAIS (novice en la même ab-baye).

Marie-Angélique DE FICTE DE SOUCY.

Barbe-Catherine-Antoinette DE MARLE DE LA MARTINIÈRE.

Catherine-Françoise DES MA-RETS DAVIE (novice au couvent de Notre-Dame de Broine ordre de Saint-Benoît).

Marie-Françoise DAVIE (ou Davy).

Anne-Marie-Victoire DE LA POYPE DE VERTRIEUX.

Marie-Perrine GAUTIER BRU-LON DE QUINCÉ (novice en l'abbaye royale de Saint-Sulpice, diocèse de Rennes).

Gabrielle-Ignace DE FORESTA.

Marie-Charlotte LE CHARON.

Reine-Félicité SÉGUIER (novice à Gomerfontaine).

Marie-Charlotte DE BRUNEL DE LA CHAPELLE.

Marie-Jeanne CHAUVELIN DE BEAUREGARD (novice au couvent de la Visitation de Sainte-Marie, à Poitiers).

Florence DE JAME DES FRÉ-GNAUDIES.

Louise LANTY DE CHASTENAY.

Anne-Françoise DE TRUCHIS.

Marguerite FLEURIMONT DE BOURDIN.

Marie-Louise DE LA BOURDON-NAYE DE BOISRY.

Renée DE CUSSY.

Jeanne-Charlotte DE BOREL DE LA GRANGE.

1746.

Marie-Anne DE DALDARD DE MELLEVILLE (mariée au vi-comte de Rochechouart, an-cien capitaine au régiment de Navarre).

Marie-Madelaine DE BEAUSSAN-COURT (novice au couvent de Notre-Dame, aux Nonnains de Troyes).

Marie-Françoise DE PISCARD.

Françoise-Jeanne-Philippe HU-RAULT DE SAINT-DENIS.

Marie-Louise-Catherine DE MAILLÉ DE BRÉZÉ.

Marie DE LA CHIÈZE.

Madelaine BRUNET DE TRESSE-MANES.

Geneviève DE MARTINVILLE DE MARSILLY.

Marie-Angélique-Marceline DU-BREUIL DE PONTBRIAND.

Marie-Hélène DE RIENCOURT DE TILLOLOIS.

Françoise DE BRIE DE SOUMA-GNAC.

Marguerite DE BOISSIEU.

Jeanne-Geneviève DE FAY DATIS.

Jeanne-Françoise CLÉMENT DE RIENCOURT.

Marie-Anne-Philippe DE MOYRIA.

Marie-Bernardine DE BÉRARD (mariée à Robert-Gabriel de

17

Préaux, ancien capitaine de dragons).
Bonne DE JARNAGE.
Gabrielle DE SAUVEBŒUF.
Marie DE GRASSE (mariée à

François de Cambis, commandant de la Ville et du château de Colmar).
Marie-Gilberte DE SALVÈRE.

1747.

Marie-Madelaine D'ESCAIRAC.
Marie-Joseph DES LEURES DE PONTCHARRAULT.
Louise-Félix POTTIN DES MINIÈRES.
Françoise-Madelaine-Olympe D'APRIX.
Claire DE BEAULIEU.
Marie-Françoise-Louise THIBOUX DE BERRY DESAUNOIS.
Marie-Louise-Charlotte LE FORESTIER.
Marie-Anne DE PESTEILS DE BEAUREGARD.
Anne-Françoise D'OFFAY DE RIEUX.
Sophie DE QUINCARNON DE BOISSY.
Louise DE MUSSET.

Louise-Charlotte DE VILLENEUVE DE LA CROUZILLE.
Marie-Anne-Adelaïde DE PRUNELAY DE THIGNONVILLE.
Louise-Françoise-Léontine DE PRUNELAY DE THIGNONVILLE.
Françoise DE VIDAL DESSERVILLE.
Marie DE COURS DE PAULHIAC.
Marie-Anne-Elisabeth DE CREMAINVILLE.
Jeanne-Françoise DU MOSNARD.
Scholastique LE ROY DU GUÉ.
Marie-Françoise-Agnès DE NARBONNE DE PELLET (mariée à Joseph de Rocher, seigneur du Prat).

1748.

Anne-Marie DE MAIZIÈRES DE MAISONCELLE.
Marie-Françoise-Suzanne DE FONTAINE.
Marie-Anne DE LAVALETTE.
Gillette-Jeanne-Françoise DE SAINT-PERN LATOUR.
Marie-Marguerite DE DURFORT DAYMÉ.
Elisabeth-Marie DES ACHARDS DE LA BAUME.
Anne-Françoise-Gérardine DE GAUVILLE (novice au couvent de la Visitation de Sainte-Marie de Caen).
Marie-Lorette DE FONTAINE DE NEUVILLE.

Anne-Henriette DE LA PLACE DE TORSAC.
Perette DE COMBES (mariée à Antoine-Amable de Combes, ci-devant cornette de cavalerie au régiment du Roi).
Rose DE NASTRAC DE LA ROCHEMONTIEX (novice au couvent de Sainte-Marie de la Visitation d'Aurillac).
Elisabeth DELPUECH DE LA BASTIDE DE LA GOUSSONNIE.
Marie DE TERMES.
Marie-Roseline D'ARCY DE LA VARENNE.
Marie-Florence DE VALORY.

Marie-Madelaine-Thérèse DE PRÉVOST.

Marie-Françoise-Charlotte DE CHASTENAY.

Louise DE CHASSY DE DOYS.

Françoise-Claudine DE PIFAUT.

Marie-Denise D'AUTANE.

Sylvie DE CHAMBON.

Marie-Marguerite DE ZEDDES (novice au couvent de la visitation de Sainte-Marie du Mans).

Marie - Françoise - Hyacinthe URVOY DE SAINT-REDAN.

Marie-Angélique LANDAULT DE BEAUFORT (novice en l'abbaye de Fontaine-Guérard).

Marie-Hélène DE LA LANDE DE CHATEAUGOUELLO.

Marie-Joseph DE MARAN DE PENNEVERN.

1749.

Marie DE GAY DE NEXON.

Louise-Catherine DE LORAS DE JAILLONNAS.

Marie-Rose DELPUECH DE LA GOUSSONNIE.

Marie-Charlotte DE FAYOLLES.

Françoise-Thérèse LABBÉ DESAUTIEUX.

Marguerite-Françoise DE LAVIER.

Louise-Marie DE SAINT-PRIVÉ DE RICHEBOURG (novice dans un couvent de Carmélites à Paris).

Marie DE BOISSEUIL.

Jeanne-Madelaine DE BARVILLE DE PUISELET.

Marie-Geneviève DE NOLLENT (novice au couvent de la Visitation de Sainte-Marie de la rue du Bac, à Paris).

Louise DE FERRIÈRE DE SAUVEBŒUF DE SAINT-BONNEST.

Magdelaine DE TESTARD DE LA CAILLERIE (mariée à Fran-çois-André Guyon, directeur des aides, à Langres).

Charlotte-Eugénie DE COCKBORNE DE CHAVANNE.

Marguerite-Thérèse DE BARRAT DE BONCOURT.

Marie-Anne DE LAS CASES.

Madelaine-Catherine BAUDOIN.

Marie - Marguerite YON DE LAUNAY.

Marie-Gabrielle DE MONTAGNAC.

Marie DE BARS.

Thérèse-Maximilienne DE BAMAST DE SEPTFONTAINES.

Hélène DE JANIN DE GABRIAC.

Françoise-Thérèse DE JAMBON DE SAINT-CYR D'ESTRANCOURT (novice dans un couvent de Carmélites à Paris).

Françoise - Marie - Louise DE MONTAGNAC (novice au couvent de Notre-Dame de Narbonne).

Marie-Louise DE BESSON DE MONDIOL.

1750.

Henriette-Dorothée HAUTE-CLAIRE DE GOURVILLE.
Marie-Elisabeth DE COHORN.
Marie-Jeanne ROUGIER DES TOURETTES.
Marie-Anne DE LA TOUR DE LANGLE.
Madelaine-Victoire D'ERNE-VILLE.
Françoise DE BOSREDON DU VIEILVOISIN (mariée à Jean de Duras, chevalier, comte du Mazeau).
Jeanne-Elisabeth DE LA BOUS-SARDIÈRE.
Françoise-Elisabeth DE GOUR-MONT (novice au couvent hospitalier de l'Hôtel-Dieu de Mantes, sous le nom de sœur Madelaine.)

Marguerite DE BERTET DE LA CLUE.
Henriette-Françoise DE LA CROIX DE MAIRARGUES.
Marguerite-Jacques D'ISARN.
Joseph-Marie-Henriette DE MONTFORT.
Marie-Antoinette DE MONFAU-CON DES ROCLES.
Thérèse DE ZEDDES.
Andrée DE SAINTE-HERMINE (novice au couvent de Saint-Louis de Poissy).
Antoine DE BOUYS.
Catherine-Ursule-Pauline DU BOTDERU (mariée à André Buttet, ancien officier de cavalerie).
Reine DE NOUE.
Marie-Joseph DE CHAVIGNY.

1751.

Marie-Angélique DE RADULP.
Suzanne-Agathe DE CABOCHE.
Marie-Louise DE L'ESTENDART.
Marie-Françoise COUTURIER DE SAINTE-JAMES (novice au couvent des Dames de la Visitation du Mans).
Marie-Françoise LE GROING DE LA MAISONNEUVE (novice au couvent des Carmélites de la rue Saint-Jacques, à Paris, sous le nom de sœur Françoise du Sacré-Cœur de Jésus).
Marie-Anne DE VEZINS DE CHARRY.
Jeanne DE LA GARDE DE SAINT-ANGEL.
Henriette-Claire-Isabeau DE LA SERRE.

Thérèse-Renée DE QUIN-CARNON.
Marie-Françoise DE LA BIGNE.
Marie-Thérèse-Witane DE BA-YANCOURT (novice au couvent des Annonciades de Gisors).
Marie-Gilles DU BOUILLONNEY.
Marie-Catherine-Antoine DU WICQUET DE LENCLOS (novice au couvent de Notre-Dame-des-Anges, à Saint-Cyr).
Marie-Thérèse-Charlotte LOIL-LOUE DE BONNEVAUT.
Jacqueline DE CONTY D'ARGI-COURT.
Marie-Françoise FAY DE VISE (novice en l'abbaye de Ponthemont, ordre de Cî-

teaux, rue de Grenelle, à
Paris).
Jeanne DE LAGEARD.
Marie DE PODENAS.

Marie-Catherine DE LIGNY DE
COMPIGNY (novice au cou-
vent hospitalier de l'Hôtel-
Dieu de Mantes).

1752.

Jeanne-Madelaine DE MUSSET
  DE CHANTOISEAU.
Catherine DU HOUX DE DIO-
  MÉNIL.
Louise–Eléonor DE BÉRENGER.
Marie-Louise-Marguerite-Elisa-
  beth DE CAIRON.
Françoise - Charlotte DE LA-
  FAIRE DU BOUCHAUD.
Françoise DE MONNIER DU
  CASTELET.
Marie-Anne-Cécile DE FOU-
  DRAS.
Françoise–Louise–Césarie DE
  VOISINES.
Thérèse-Constance-Philippe DE
  NELLES.

Madelaine–Danielle DE LAS-
  TOURS DE LA BUSSIÈRE.
Marie–Rosalie DE PIOLÈNE.
Marie-Angélique–Félicité DE
  LA PORTE DE VEZINS.
Anne DE LA CHAPELLE.
Marie-Anne DE BRIE.
Elisabeth CHAMPION DE CICÉ.
Charlotte-Catherine DE MARS
  (novice au couvent de Notre-
  Dame-des-Anges, à Saint-
  Cyr).
Pauline – Elisabeth DE PON-
  THIEU (novice au même cou-
  vent).
Marie-Madelaine-Françoise DE
  MASSIP.
Marguerite DE TRESTONDAM.

1753.

Marie-Angélique DE VINEZAC.
Marie-Louise DE BOUILLÉ.
Marie-Anne DE DALLE.
Marie DE COURCY.
Marie-Françoise DE HÉDOU-
  VILLE.
Marie-Rose-Charlotte DU TER-
  TRE.
Marie-Marguerite-Claude DE
  LOYAC DE LA BACHELLERIE.
Henriette DE LA HAYE DE
  LANDUYE DE RIGNÉ.
Anne HUAULT DE BERNAY
  (mariée à Anne-François de
  Campagne, chevalier, sei-
  gneur d'Auricourt).
Marie-Anne DE BARVILLE (no-

vice au couvent de Saint-
  Louis de Poissy).
Françoise DE FENSILLON DE
  MENSEIGNAC (en Périgord).
Jeanne-Cécile DE CIRCOURT.
Marie - Rose DE BOSREDON
  (l'ampliation a été rendue à la
  famille; une note en fait foi).
Françoise–Félicité D'AUMALE.
  (Mademoiselle d'Aumale, l'a-
  mie de Madame de Maintenon, vit encore en 1753;
  elle est nommée dans le
  contrat de rente de cette
  jeune fille, probablement sa
  nièce).
Françoise LE ROY DU GUÉ,

Agathe-Marguerite DE LUPPÉ.
Marguerite-Charlotte AMELIN
DE BEAUREPAIRE.
Louise–Angélique DE FRÉVILLE

(novice au couvent de la Visitation du Mans).
Marie-Madelaine D'ALLARD.

1754.

Louise - Elisabeth DE CHA-
BESTAN (mariée à Charles-
Arnoult de Martin, marquis
de Champollion, capitaine
au régiment royal des cui-
rassiers).
Marie–Marguerite–Victoire-Ro-
saline DE THOMAS D'ARVES.
Marie – Henriette – Rosalie –
Edouard D'AUMALE. (La vieille
mademoiselle d'Aumale est
encore nommée dans le con-
trat et signe. Voir p. 261).
Suzanne – Gabrielle DE PON-
THIEU.
Jeanne-Hélène DE LONGECOMBE
DE THOY.
Isabeau DE PEGUILHAN DE
L'ARBOUST (mariée à Guy
de Mériteus, baron de Mon-
tagny).
Jeanne–Marguerite DE FAUL-
CON.
Catherine-Agathe-Gabrielle DE
JAMBON DE SAINT-CYR.
Angélique D'ESCORCHES DE
BOUTIGNY.

Marie-Louise DE RUPIÈRE (no-
vice au couvent d'Exmes).
Marie – Marguerite – Françoise
TOUSTAIN DE RICHEBOURG
DE SAINTE-VICTOIRE (novice
au couvent des Ursulines
d'Argenteuil).
Cécile DE LA MAIRIE DE CLAI-
RAC DE SAINTE – THÉRÈSE
(novice au couvent des Ur-
sulines d'Argenteuil).
Anne-Elisabeth BONNET DE
SAINTE-FOY.
Marie-Elisabeth-Hélène-Hia-
cynthe DE NARBONNE PELET
DE SALGAS.
Marie – Odile – Charlotte DU
TILLET.
Jeanne-Françoise-Victoire DE
PERCIN.
Marie - Thérèse DE ROUSSEL
DE FRÉVILLE.
Anne-Françoise DE CLERMETS.
Marie-Eléonore DE CARVOISIN
DE BELLOY (novice au cou-
vent des Carmélites de la
rue de Grenelle, à Paris).

1755.

Marie-Cécile DE BARAT DE BON-
COURT.
Louise-Joséphine DE CON-
FLANS.
Anne DE BRIDAT DE LA BAR-
RIÈRE.
Marguerite DE BAR D'ELPEY
ROU.

Marie-Anne-Françoise-Mélanie
DU BLAISEL.
Magdelaine QUARRÉ D'ALLI-
GNY.
Nicole DE LA CASSAIGNE (ma-
riée à Michel de Saint-Pée
sieur du Buquet, chevalier
de Saint-Louis).

Edmée-Marie LEZIARD DU DÉ-
ZERSEUL.

Marie-Pierre-Catherine GUEUL-
LAY DE RUMIGNY (novice au
couvent de Notre-Dame des
Anges, à Saint-Cyr).

Elisabeth DE GRASSE.

Jeanne–Rose–Catherine DU
CHASTEIGNIER DE SAINTE-
FOY (novice au couvent de
l'Annonciade de Sens).

Gabrielle – Catherine - Félicité
DUFOUR DE SAINT-LÉGER.

Marie – Catherine D'ESLE (novice en l'abbaye de Sainte-
Marie-Madelaine de Rivol,

ordre de Cîteaux, diocèse de
Rouen).

Louise-Eléonore DE PENNE DE
VAUBONNET.

Anne-Françoise-Charité DE LA
GOUPILLIÈRE.

Marie DE LEYMARIE.

Marie-Claude-Marguerite DE
LOYAC DE LA BACHELLERIE.

Jeanne-Baptiste-Philippe–Auguste DE LOYAC DE LA BA-
CHELLERIE.

Marie-Anne DE RIENCOURT DE
TILLOLOY.

Henriette-Louise-Françoise DE
SAINT-POL.

1756.

Louise-Marie DE BERMONDET
DE VIVONNE.

Lucrèce-Rosalie DE VILLELON-
GUE.

Anne DE NOMPÈRE DE PIER-
REFITTE.

Françoise-Marie THIBAULT DE
BOISGNOREL (novice au cou-
vent de la congrégation de
Notre-Dame de Soissons).

Louise-Anne DE ROUGEMONT.

Thérèse DE BOSREDON.

Jeanne DE LA RAMIÈRE.

Louise-Félicité DE ROSNY-VI-
NEU DE TREMELGON.

Jeanne PERRIER DE VILLIERS.

Marie DE LA SALLE DU PUY
GERMAUD.

Gabrielle D'ELPUECH DE LA
BASTIDE.

Louise - Antoinette DE BAR -
JETON.

Françoise-Antoinette DE BEAU-
FRANCHET D'AYAT (mariée à
Jean de Servières, chevalier,

seigneur de Teilhol, etc).

Marie–Anne DE DURFORT DE
LA ROUZINE.

Marie-Marthe DE CHALMAISON.

Marie-Emilie DU BROSSIN DE
MÉRÉ.

Claude-Thérèse DE CHATENAY
DE LANTY.

Joseph-Marguerite-Julie D'AL-
LARD DU RIOSSET.

Marie DE BRIE DE SOUMAGNAC
(novice au couvent de l'Annonciade de Sens).

Louise-Thérèse DE PEYROTES
DE SOUBEZ (mariée à Antoine
de Trémouille, lieutenant-
criminel au Sénéchal et
siége présidial de Béziers
en Languedoc).

Marie-Louise-Victoire DE LA
BOURDONNAYE DE BOISRY.

Françoise-Elisabeth DE BON-
VOUST (novice au couvent des
dames de la Visitation d'A-
valon).

1757.

Benoiste DE BONNEGUISE.

Marie-Armande-Angélique-Augustine D'AUMALE.

Louise DE VILLOUTREY DE FAYE.

Anne - Geneviève - Julie DE LOYAC DE LA BACHELLERIE.

Jeanne-Madelaine DE LORT DE SAINT-VICTOR.

Marie-Louise DE BELCASTEL.

Christine - Césarine DE BRACHET.

Charlotte-Elisabeth PÉGUILHAN DE L'ARBOUST.

Marie-Thérèse-Marguerite DE CAPDEVILLE.

Antoinette DE SAINT-FÉLIX DE MAUREMONT.

Jeanne-Elisabeth-Gabrielle DE FOISSY.

Catherine-Monique-Aimée DE LA CHEVALLERIE.

Anne-Françoise-Marie DE CURNIEUX.

Etienne-Jeanne DU HAUSSAY (mariée à Jean Nicolas Barême de Crémille, écuyer, receveur général des fermes du Roi au département de Moulins).

Louise-Victoire DE LA BOURDONNAYE DE BOISRY.

Marie DE LOSTANGES DE JARMOUST.

Marie DE LA BARTHE (mariée à François de Rossignac de Carbonnière, chevalier, seigneur marquis de Marsac.)

Constance-Mélanie LE HURE DE SAINT-AGNEAU DE CERNIÈRES.

Marie-Jeanne DE SAINT-JULIEN.

Madelaine-Charlotte-Aldegonde DAUZEL.

1758.

Jeanne-Marie DE CHAUNAC DE MONTLOGIS.

Léonarde DE SAUZILLON DE MENSIGNAC.

Suzanne DE BUZELET.

Marguerite-Rose DE BASTEL DE ROCHEBLAVE (novice au couvent de Sainte-Ursule de Gap).

Anne-Louise D'HOZIER.

1759.

Marie-Françoise LE MARAUT DE KERDANIEL.

Anne DE LAPALIN.

Françoise-Suzanne-Angélique DE CHEMINADE DE LORMET (Toutes trois novices au couvent hospitalier de l'Hôtel-Dieu de Mantes).

Anne DES ANCHERINS.

Françoise-Perette PENNE DE LA BORDE DE VAUBONNET.

Marie-Françoise D'ERNEVILLE.

Antoinette-Hélène-Jeanne DE BEAUREPAIRE DE PONTFOL.

Marie-Marguerite PRÉVOST DE TRAVERSAY.

Catherine-Bonne DE MAILLÉ BRÉZÉ.

Marie-Suzanne THIBOUST DE BERRY DESAULNOY.

Marie-Jacqueline LÉCUYER DE LA PAPOTIÈRE.

Marie-Catherine-Clotilde DAVERTON D'USAULT.

Suzanne-Louise-Charlotte DE TARRAGON D'AMONVILLE.

1760.

Charlotte-Eléonore DE CAYRON DE SAINT-VIGOR (novice au couvent de la Charité de Bayeux).

Eléonore-Cécile DU WICQUET DE LENCLOS.

Anne-Elisabeth-Guillemette DE FOYAL.

1761.

Marie-Félicité DE SINETY (novice au couvent de Notre-Dame de la Miséricorde de Marseille).

Anne-Placide DE BRET DU CROS (novice au couvent des Carmélites de la rue Saint-Jacques, à Paris).

Marie-Claire DE LAVIÉ.

Angélique-Ursule DE LAFAIRE DE CHATEAU-GUILLAUME.

Marie-Anne-Joséphine DE LAGEARD (comtesse de Clerval)

Claire-Marguerite DE CASTILLON.

Marie-Anne DE CUGNAC.

Louise-Charlotte-Madelaine DE CHOURSES (mariée à Jean-Charles-Claude de Campion, écuyer, sieur de la Bougonnière).

Thérèse – Dauphine – Gabrielle DE GRILLE.

Adélaïde CHABOT.

Marie-Henriette DE LAVALETTE (mariée à Joseph de Moulezun, chevalier, seigneur de Berau, Boutrac et autres lieux).

Marguerite-Anne DE DAVID DE PERDREAUVILLE (mariée à François-Henry de Sailly,

ancien capitaine au régiment de Bourbon-cavalerie).

Camille-Colombe DE CHARPIN DE FEUGEROLLES.

Jacqueline-Catherine-Suzanne DU TERTRE (mariée à Augustin – César Levert de Chantrains, ancien capitaine au détachement de la marine).

Blanche-Etienne DE SALEIMIES (novice au couvent de la Visitation de Sainte-Marie du Mans).

Marguerite-Anne DESMICHELS DE CHAMPORSIN.

Louise - Véronique - Julie DE CHAVIGNY DE COURBOIS.

Louise-Charlotte BAUDOUIN.

Anne-Claude DE CHERMONT (novice au couvent des Annonciades de Meulan, dite en religion sœur Sainte-Félicité).

Marie-Anne DE CAQUERAY DE VADANCOURT (religieuse au couvent des Carmélites de la rue Saint-Jacques, à Paris).

Marie-Louise DU PIN DE BESSAC.

Claude-Françoise COLIN DE MONTIGNY-CHAMPAGNE.

Anne Gabrielle-Eulalie-Séra-

phine DUBREUIL DU MAR-
CHAIS.
Urbanne-Claude DE LA GRAN-
DIÈRE.
Marie-Françoise DE CARVOISIN.
Hélène-Françoise DE BLOTTEAU
DU BREUIL.
Marie-Madelaine DE LAIGRET

(novice en l'abbaye de Mon-
treuil).
Marie-Joséphine DE VERMAN-
DOVILLÉ (novice au couvent
de la Visitation de la rue du
Bac, à Paris).
Marie-Henriette-Julie DE CHAS-
TENAY DE LANTY.

1762.

Marie-Thérèse-Gabrielle CASA-
MAJOR DE MONCLAREL.
Marie-Madelaine-Catherine DE
SAINT-QUENTIN DE DOI-
GNON.
Marie MARTIN DE CHATEAUROY
(novice au couvent des Car-
mélites de Saintes).
Marie-Anne-Rose ROBINAULT
DU BOISBANET.

Marie-Jeanne DE BOUET DU
PORTAL.
Anne DU VERNE DE LA VA-
RENNE.
Marie-Françoise-Suzanne D'ES-
COUBLAT.
Catherine-Antoinette DU LI-
GONDÈS.

1763.

Marie - Charlotte - Sébastienne
DE GENLUY DE RUMIGNY (no-
vice au couvent de Saint-
Paul, près Beauvais).
Bonne - Madelaine DE LONG-
PREZ (novice au couvent de
la Visitation de la rue du
Bac, à Paris).
Marie-Marguerite-Elisabeth DE
MOURICAUD.
Marie FOUCAUD DE BLIS DE
LARENAUDIE.
Jeanne-Henriette LE BOULEUR
DU GUAY.
Catherine DE POILLOUVE DE
SAINT-MARS.

Françoise-Geneviève DE TRÉ-
MIGON (novice au couvent des
Ursulines de Morlaix).
Marie DE LEYMARIE DE LA
ROCHE.
Charlotte-Denise-Louise - Pau-
line D'AUMALE.
Adelaïde - Geneviève DE LA
CROIX.
Elisabeth DE LANCELIN DE LA
ROLIÈRE (religieuse en l'ab-
baye de Saint-Jean-l'Evan-
géliste de Soyon).
Jeanne DE LA SAILLE.
Marie-Françoise DE MAILLÉ DE
BRÉZÉ.

1764.

Angélique - Maximilienne DE
MOLENY D'EGRY.
Jeanne-Charlotte DE MITRY.

Marie - Hiacynthe - Jeanne DE
MÉZIÈRES CORENTRAY.
Marie-Françoise DE MONCROC

Marie-Marguerite DE BONAL D'ANGEAC (Bonal en Agénois).
Anne DE CHARRY (novice au couvent de Saint-Louis de Poissy).

1765.

Barbe-Françoise DES ANCHERINS DE SAINT-MAURICE.

Gabrielle - Rose - Louise DE CLINCHAMP DE TEILLE.

Marie - Anne COUSIN DE LA TOUR FONDUE.

Renée DES MONSTIERS DE MÉRINVILLE.

Marie-Joseph-Renée DE MATHEZON.

Marie-Françoise D'ARAUDES.

Catherine-Jeanne DE LA SALLE DE CAILLAU.

Jeanne-Gabrielle DE GRIGNON.

Marie - Françoise - Germaine-Elisabeth D'ESTAGNOL.

Anne DE LA CARAULYE.

Louise - Elisabeth - Aimée DE TONNANCOURT.

Julie - Renée DE RIENCOURT D'ANDÉCHY.

Anne DE CARBONNIÈRES.

Marie - Magdelaine DE LA BIGNE.

Jeanne DE ROYÈRE.

Joseph-Geneviève-Elisabeth DE ZURHEIM DE PFASTATT (mariée à Antoine-Germain de Rosé de Monttenberg, chambellan de l'évêque de Bâle).

Marguerite - Charlotte - Nicole D'HAUGEST (novice en l'abbaye de Montreuil en Tiérache, ordre de Citeaux).

Marie-Jeanne DU TERTRE DE BEAUREGARD (novice en l'abbaye de Sainte-Colombe de Blendecques).

Claire-Ursule DE LIGNEVILLE D'ANTRICOURT.

Céleste-Pélagie DE JOUSBERT (novice au couvent de Sainte-Marie de la rue Saint-Antoine, à Paris).

Marie DE MAILLET (novice au couvent de la Visitation de Sainte-Marie, à Pont-à-Mousson).

Elisabeth-Henriette AUVRAY.

Marie-Jeanne DE CHERMONT (novice au couvent des Bénédictines de Saint-Nicolas en Lorraine).

Odote-Constance DE L'ENFERNAT (novice au couvent de la Visitation de Sainte-Marie de la rue Saint-Antoine, à Paris).

Anne-Marie-Thérèse-Jeanne DE LA TREILLE DE FOSIÈRES (religieuse au couvent de la Visitation de Sainte-Marie de la rue Saint-Antoine, à Paris).

Henriette DE BUZELET.

Claudine-Marguerite DE VAUCHOSSADE DE CHAUMONT.

1766 [1].

Marie-Marguerite DE LA PORTE DE PIERRY.

Rose DE BATS.

Amable-Geneviève DE LAFITTE.

[1] Voir l'avertissement placé en tête de cette liste, p. 231.

(mariée à Charles de Méri-teus d'Arros, écuyer, sei-gneur de Montel, et veuve après quelques mois de ma-riage).

Marie-Anne DE SAILLANS.

Françoise–Héloïse DE PEYTES (mariée à Pierre d'Incamps, sieur de la Salle).

Charlotte-Françoise DE ROSIÈ-RES DE SORANS (mariée à Claude-Joseph de Bouzié, seigneur de Champvaux et autres lieux).

Marie-Madelaine DE BOISLI-NARD DE FOIX.

Marguerite-Rosalie D'ARDAN-COURT.

Louise -- Elisabeth – Pétronille VENOIS D'HATENLOT.

Marguerite–Ursule DE CACHE-DENIER DE VASSIMONT.

Louise-Marguerite DE WAMBEZ DE FONTAINE LEPIN.

Sainte TRANCHANT DU TRAIT.

Marie-Anne–Judith THUBERT.

Marie-Dauphine DE TESTAU DU BUT.

Apolline–Antoinette DE TES-TARD DE LA CAILLERIE.

Julie–Jacqueline DE JOULARD D'AIRON.

Charlotte–Suzanne DU FAIX D'ARNANS.

Anne DE ROYÈRE.

Marie-Anne–Françoise DE RO-QUART DE SAINT-LAURENT.

Marie–Marguerite–Louise DE FRÉDILLY.

Catherine-Athénaïs ROBIN DU SANSAY.

Antoinette - Renée DE RIEN-COURT.

Marie–Poisson D'ANVILLE.

Françoise-Elisabeth PERRIER DU HANNOY.

Marie-Anne-Elisabeth-Adélaïde PASQUET DE SALAIGNAC.

Marie–Madelaine PARCHAPPE DE VINAY.

Aimée–Lucrèce DE MONTRI-CHARD.

Julie – Catherine – Louise DE MONTMORANT.

Charlotte DE MONTFORT DE PRUNECEY.

Anne-Suzanne DE MOLIÈRES.

Marie-Anne-Elisabeth DU MES-NIL DE FIENNE.

Catherine-Ursule DU MESNIL DE FIENNE.

Joseph – Henriette DE MAR-SANNE.

Françoise-Suzanne–Frédérique DE MALZEU.

Marie–Anne DE MAILLÉ DE BRÉZÉ.

Marie-Françoise DE LONLAY DE VILLEPAIL.

Anne-Reine DE LIÉGE DE SAINT-MARS.

Julienne – Françoise LE VI-COMTE.

Guyonne-Julienne LE SAGE DE VILLEBRUNE.

Thérèse LEMINTIER DE LA MOTTEBASSE.

Marie-Jeanne LEMARAUD DE KERDANIEL.

Marie-Pierre LE BRETON DE RANSANNE.

Mrie–Marguerite–Joseph DE LANCUEDOUE.

Madelaine – Pauline – Hortense DE LA MARCHE.

Louise-Marie DE LA LANDELLE.

Suzanne–Françoise–Marie DE LA LANDE D'ENTREMONT.

Bonne-Marie-Antoinette DE LA HOUSSAYE.

Angélique DE JARRY DU PARC.

Marie–Charlotte DU HALLET.

Rose – Cécile GRELIER DE COUSSIZE.

Françoise-Catherine DE GUÉ-ROUST DE SAINT-MARS.

Françoise–Louise–Andrée DE GUÉROUST DE LA GOHIÈRE.

Thérèse DE GLAPION DES ROUTIS.

Marie–Julie DE GALLARD DE BÉARN.

Marie FRESLON DE SAINT-AUBIN.

Louise-Anne-Cécile DE FOUCHOIS.

Marie–Thérèse-Charlotte–Clotilde DE FONTENAY DE SAINT-AUBIN.

Marie-Renée-Antoinette-Louise DE FONTENAY DE SAINT-AUBIN.

Marie–Jeanne FLEURIOT.

Marie-Elisabeth-Paul DE FAY DE VILLIERS.

Marie–Anne D'ESTHÉRAZY.

Marguerite D'ESTUD.

Marie-Anne D'ELBÉE.

Louise–Perrine D'AMPHERNET.

Françoise DE CUERS DE COGOLIN.

Françoise-Monique DE CERVAL.

Louise-Charlotte-Françoise DE CHAMPAGNE.

Elisabeth-Reine DE CARPENTIN D'ELCOURT.

Bathilde DE CAQUERAY DE SAINT-AMAND.

Suzanne-Jacqueline DE CAQUERAY DE FONTENELLE.

Catherine DE CAQUERAY DE BEAUPRÉ.

Marie-Marguerite BUGNOT DE FAREMONT.

Anne DE BRACH.

Marie–Françoise DE BOUVET.

Marie – Louise – Etienne DE BOURNONVILLE.

Louise–Antoinette – Angélique DE BOMBELLES.

Magdelaine DE BOISSEULH.

Georgette–Elisabeth–Anne DE FOIX DE BELLEMARE DE SAINT-CYR.

Marie-Madelaine DE BEAUJEU DE NAILLY.

Anne–Joseph D'ARLANGE DE COURCEL.

Marie–Ursule APRIX DE MORIENNE.

Marie–Louise–Françoise–Philiberte D'ALMAIN DE CURNIEUX.

Marie–Anne D'ALBIGNAC DE MONTAL.

Marie–Marguerite D'AGIS.

Marie–Catherine D'ADHÉMAR DE LANTAGNAC.

Marie-Catherine-Agathe D'ACARY DE LA RIVIÈRE.

Louise–Antoinette–Marie DE BERNES (mariée à Marc-Benoît-Guislain de Ny du Canton).

Elisabeth DE LA BOUSSARDIÈRE DE BEAUREPORT (mariée à Pierre de Villereau, écuyer).

Marie D'ESCOIRAC (mariée à Pierre de Constant, seigneur d'Espagne, etc.).

Marie–Anne–Thérèse DE CARNAZET.

Jeanne DU CREST DE MONTIGNY.

Marie DE MAUSSAC.

Julie–Catherine D'ARROT (mariée au comte d'Hérouville, lieutenant général).

Amable DE CHAUVIGNY DE BLOT (mariée à Pierre de Saint-Giron).

Jeanne–Françoise DE FRIANT D'ALINCOURT (mariée à Dieudonné Thibault de Monbois).

Marie DE LUBERSAC DE CHABRIGNAC (mariée à Jean Pradet de la Masse).

Marie-Angélique-Françoise DE TILLY DE BLARES.

Elisabeth-Charlotte-Constance VOLANT DE BERVILLE.

Françoise-Elisabeth DE NET-TANCOURT DE GUÉBLANCHE (morte peu après sa sortie de Saint-Cyr).

Louise-Agathe-Marguerite DE MANGES (mariée à Louis de Bellavoine, ancien officier de dragons).

Thérèse PRÉVOST DE SANSAC DE TOUCHAMBERT.

Emmanuelle – Henriette DE CRÉCY.

Marie DU LIGONDÈS.

Marie-Anne DE LENFERNAT.

Marie-Thaïs D'ESCOUSALLE DE MONTAGNET.

Madelaine DE CHAMPS (novice en l'abbaye royale de Sainte-Claire, à Clermont-Ferrand).

Elisabeth DE LA BARRE DE MARTIGNY (mariée à Auguste de la Broue, chevalier, baron de Vareilles).

Jeanne-Anne LE BLOIS DE VITRAY.

Gabrielle D'ANGLARS DU CLAUX.

Marie - Thérèse - Claire DU

FAYET DE LA TOUR (novice au couvent de Notre-Dame de Salers).

Louise-Valérie DE CAPDE-VILLE.

Marguerite-Elisabeth DE VIO-LAINE (novice au couvent de Mariendal, duché de Luxembourg).

Marie-Françoise DE MYON.

Elisabeth DE MUN DE SARLA-BOUST.

Marie-Elisabeth-Charlotte DE BONNET DE NONANCOURT (mariée à Simon Bregeot, lieutenant au régiment de Touraine).

Louise PASQUIER DE FRANC-LIEU (mariée à Edme-Jean-Baptiste de Clozier, écuyer).

Marie-Louise DE LA ROUVRAYE DU NAUTIER.

Marie-Françoise DE TESSIÈRE DE BEAULIEU.

Henriette-Jacqueline DE GRI-MOUVILLE DE LARCHANT.

Charlotte-Gasparine DE VAUL-CHIER DU DÉCHAUX.

1767.

Anatole-Françoise PÉCAULD.

Henriette-Angélique CASAMA-JOR DE MONCLAREL.

Marie-Françoise DE NESSEY.

Jeanne-Louise DE BIGAULT DE GRANDRUT.

Anne-Marie-Charlotte DE CHA-TEIGNIER.

Jeanne CHAPUIS DE MAUBON.

Marguerite-Louise DE BUSSY.

Anne DE BRETTE DU CROS.

Catherine-Michelle D'ALBIAT.

Charlotte-Louise DU HAN DE CRÈVECŒUR.

Marie-Louise DE LA TOUCHE DE LA RUFFINIÈRE.

Marie-Anne DE MURAT DE BAINS (mariée à François de la Chassaigne, comte de Serays).

Marie-Gabrielle LANCELIN DE LA ROLLIÈRE.

Marie-Michelle-Julie DE SAINT-QUENTIN.

Thérèse GEOFFROY DU ROURET.

Marie-Sophie DE LA ROCQUE DE BAUNAY.

Marie-Joseph LAAS DE GES-TÈDE.

Marie-Scholastique BEGON DE LA ROUZIÈRE.

Jeanne DE VASSAL.

Marie-Julie DE SÉRAN D'AN-
DRIEU.

Marie-Renée DE SALAINE.

Marie-Magdelaine-Frédérique
DE NOLLENT.

Gilberte DE MAYET DE LA
VILLATELLE.

Charlotte-Camille D'ORILLAC.

Pélagie-Modeste LE CHAUFF.

Marie-Jeanne DE LA TOUR DE
LA BASTIDE.

Marie-Anne-Thérèse DE LA
BODERIE.

Françoise - Elisabeth - Clotilde
DE BRASDEFER.

Marie - Louise - Thérèse D'AL-
MAIS DE LA MAISONFORT.

Françoise-Michelle L'ESCUYER
DE LA PAPOTIÈRE.

Marie D'ABZAC DE SARRAZAT
LIMEYRAT.

Christine-Elisabeth DE CHAM-
BORANT DE VILVERT.

Anne-Agnés DU VERDIER.

Marie DE FORGE.

Jeanne - Charlotte - Suzanne
DURTUBIE.

Anne CHAPELLE DE JUMILHAC
(mariée à Jacques-Urbain
Dalesme, chevalier, seigneur
de Vouhet, capitaine au régiment de Normandie).

Louise DORADOUR (novice en
l'abbaye royale de Notre-
Dame de l'Eclache à Cler-
mont-Ferrand).

Jeanne-Dorothée TARTEREAU
DE BERTHEMONT (novice en
l'abbaye royale de Saint-
Pierre d'Avenay).

Marie - Louise - Elisabeth DE
MAILLÉ CARMANS (mariée à
Henry-François de Rozières,
marquis de Sorans, colonel
du régiment d'Artois infanterie).

Louise - Anne - Catherine DU
HAUSSAY (mariée à Louis-
François de Thiboust, seigneur de Bérigny et autres
lieux, déjà veuve en 1767).

Marie-Françoise DE BOUILLON-
NEY (mariée à Jean-Joseph
de Saint-Denis, seigneur de
Lamière (Perche). Morte en
1767. laissant un fils, héritier de sa dot).

Marie-Suzanne AUVRAY.

Barbe-Philippine DE MINETTE
DE BEAUJEU.

Aimée-Pauline DE CRÉCY DE
CHAUMERGY.

Marie - Caroline DE NONAN-
COURT (novice au couvent de
la Visitation de Sainte-
Marie de la rue du Bac, à
Paris).

1768

Pélagie HÉMERY DE LA FON-
TAINE DE SAINT-PERN.

Henriette-Pierrette DE LA
ROCHE-LAMBERT.

Suzanne-Louise DU HAN DE
CRÈVECŒUR.

Magdelaine DE BOUTET (no-
vice en l'abbaye de Cus-
set).

Thérèse - Angélique-Catherine
LE POITEVIN DU MOUTIER.

Marie-Gaspard LE GAIN DE
MONTAGNAC.

Angélique-Elisabeth DE LAMA-
MYE DE CLAIRAC.

Marie-Madelaine-Hélène DES
NOS.

Marie-Anne DE NÉTREVILLE
(religieuse en l'abbaye de
Saint-Léger de Préaux).

Marthe - Louise CORNET DE
SAINT-MARTIN.

Antoinette-Marie-Anne-Christine DE KUHLA.

Françoise-Claire-Marie LE VA-LOIS.

Marie - Thérèse D'ARANGUIER DE QUINCEROT.

Marie-Rose DE SAINTE-AFFRIQUE.

Marie-Claudine-Jeanne TRE-MEREU DE MEURTEL.

Louise-Anne DE FARS.

Gabrielle-Victoire DE LAFOLLY DE LA MOTTE.

Anne- Louise -Gabrielle COR-MILLON DE LAFOREST DE SAINTE-VERGE.

Henriette-Gasparine DE DA-LAY.

Jeanne DE CHARRY.

Valentine - Angélique D'ES-PINOIS.

Judith D'ASSIGNY.

Louise-Alexie DE HENNAULT.

Rose-Angélique-Sophie D'AL-MAIS DE SEINTRIE.

Jeanne-Charlotte DE LA PER-SONNE DE VANTELAY.

Anne-Nicolle DE LUGEARD DE CHERVAL.

Marie-Joseph DE CRÉCY (ma-riée à Jean-François Bou-rée, chevalier, seigneur de Neuilly).

Anne-Elisabeth LE ROY DE LA GRANGE.

Marie - Charlotte - Joseph DE MORETON DE CHABRILLAN.

Cécile - Angélique DE FEU-QUIERES.

Gilberte DE CHAMBAULT DE LA JONCHÈRE.

Louise-Henriette D'HÉBERT.

1769.

Marie-Louise-Geneviève DE LORGERIL.

Marguerite-Josèphe DU PORT DE MABLANC.

Anne - Marie - Charlotte DE BRAUY D'ANGLURE (morte à Paris, aux filles de la Croix. Son père, major du château Royal et de la ville de Bel-fort).

Elisabeth - Henriette - Alexan-drine DU PORT DE MABLANC.

Marie - Thérèse O' CONNOR (absente au moment où est établi le contrat de rente. La personne qui lui sert de procureur est M. de Mac-Mahon, écuyer, docteur ré-gent de la faculté de Paris et médecin de l'école royale militaire, demeurant en l'hô-tel de ladite école).

Marie DE THOMASSON.

Marthe DE RIBAGNAC.

Jeanne-Rosalie DE CASTRES.

Agathe-Noël DE BRÉAL DES CHAPELLES.

Madelaine-Louise DE PARAVI-CINI.

Anne-Thérèse DE SAUSSOL.

Marie-Louise DE VALLES.

Claudine-Laurence DE FOU-DRAS.

Louise-Honorine-Sibille-Julie DE CAUMONT DE RAINNE-VILLE (novice en l'abbaye royale de Saint-Paul, près Beauvais).

Françoise-Emmanuelle DE LA BIGNE DE SAINT - CHRIS -TOPHE.

Françoise-Elisabeth DE MIN-TIER DU CHESNAY.

Augustine-Alexandrine DE LA-BORY.

Marguerite-Adelaïde DE BUSSY (novice au couvent des An-nonciades de Roye).

Anne-Marie-Hélène DES AN-
CHERINS DE SAINT-MAU-
RICE.

Anne-Marie-Madelaine-Reine
BARBEROT D'AUTEL.

Elisabeth DE JAY DE BEAU-
FORT.

Symphorienne-Crispine DE
FERRE.

Anne-Julie DE LA ROQUE DE
CHAMFRAY.

Marie-Elisabeth LE CHEVALIER
DE CABLAUS.

Marie-Marthe-Charlotte D'AR-
TIGUES (mariée à Jean-Baptiste Maron, chevalier, comte
du Saint-Empire, capitaine
de cavalerie, ancien garde
du corps de Sa Majesté).

Marie-Françoise DESCHAMPS
(novice bénédictine en l'abbaye royale de Saint-Léger
de Préaux, diocèse de Li-
sieux).

Félicité D'URRE DE MOLANS.

Thérèse-Gabrielle DE VILLE-
NEUVE DE TOURETTE.

Antoinette DE LA ROCHE-
AYMON.

1770.

Catherine-Henriette-Françoise
DE FÉRIER.

Charlotte-Suzanne DE GRE-
AULME.

Antoinette-Dorothée DE GREEN
DE MARSAULT.

Marie-Jeanne-Henriette-Vic-
toire DE BOMBELLES.

Marie-Anne-Louise THOREAU.

Marie-Jacqueline-Renée DE
L'HERMITE.

Marie-Françoise-Adélaïde
D'URRE DE MOLANS.

Catherine DE LA ROCHE-
AYMON.

Anne-Marie DE MONTDOR.

Marie DE VARENNES.

Marguerite-Charlotte DU HOUX
D'HAUTERIVE.

Ursule DE LOSTANGE (novice
au couvent de Lissac-en-
Quercy, ordre de Cîtaux).

Marguerite-Scholastique DE
CHOLET DE LONGEAU.

Louise BARTHÉLEMY DE CA-
RONDELET.

Félicité-Angélique DE RASSENT
D'ARCHELLES.

Charlotte-Emilie DE MERCURIN
DE VALBONNE.

Henriette-Gabrielle DE PIERRES
DE NARSAY.

Jeanne-Thérèse DE COUCY (novice en l'abbaye de Sainte-
Glossinde de Metz).

Victoire-Barbe DE LA ROCHE.

Louise-Françoise DE RUAULT.

Marie-Elisabeth DE BRÉVEDENT.

Marie-Françoise-Renée DU
PLESSIS D'ARGENTRÉ.

Jeanne-Anselme-Blondine Po-
RET DE BERJOU.

Angélique-Radegonde DE
CHAMPAGNE-DUCHESNE.

Catherine-Françoise DE ROUCY.

Angélique DE PICHON DE PÉ-
RAMPUIRE DE LARIET.

Marie-Louise-Charlotte-Elisa-
beth-Catherine D'AUCHE-
MAILLE.

Françoise-Henriette FOUCHER
DE CIRCÉ.

Marie-Madelaine-Antoinette DE
MONCHY.

Marie-Catherine-Adélaïde
PAILLARD D'HARDIVILLIERS.

Catherine-Laurence DE VARO-QUIER.

Marie-Antoinette-Gilberte DE ROSTAING.

1771.

Renée - Angélique - Marie DE CISSEY.
Andrée-Anastasie-Marie-Florimonde DE ZURLAUBEN DE THURN DE GESTELENBERG.
Marie-Cajetane-Jeanne DE ROS DE MARGARIT.
Modeste DE MYR DE LALAIRE.
Marie-Anne DE COSNAC.
Catherine-Louise DE VASSAL DE MONVIEL.
Marie - Jeanne - Pauline DE DOUAIRIN.

Nicole-Aimée-Adélaïde DE BIZEMONT.
Marie-Thérèse DE BRUCHARD.
Jeanne - Françoise - Marie-Guyonne DE MAY D'AULNAY.
Anne DE MONCROC.
Marie-Madelaine-Rosalie DE SAINT - OUEN DE PIERRE-COURT.
Françoise-Louise-Victoire DE CRÉCY.

1772.

Marie-Anna BERTRAN DE VASSAL (novice au couvent de la Visitation de la rue Saint-Antoine, à Paris).
Perrine-Correntine-Marie DE CARNÉ DE CARNAVALET.
Marie-Jeanne-Thérèse DE JALLIOTTE DU SAUSSAY.
Gabrielle DE MALLERET DE LA NOUZIÈRE.
Anne-Julienne DE BOUBILLY DE BEAUMANOIR.
Marie-Angélique-Louise-Françoise DE LASTEYRIE DU SAILLANT.
Catherine-Justine DU PLESSIS

DE LA MERLIÈRE (novice aux Annonciades de Boulogne-sur-Mer).
Marie-Félicité DE BÉCHILLON.
Magdelaine-Hyacinthe-Claude DE GUÉRIN.
Anne-Marguerite DE SAINT-ASTIER.
Marie-Claude DE LASTIC DE LESCURE.
Amable-Françoise DE GUILHIEU DE VERRIÈRES.
Catherine-Adélaïde VIRVIN DU PECH.
Marie - Françoise – Claire DE SAILLY.

1773.

Elisabeth DE LA BRUYÈRE (novice en l'abbaye de Saint-Pierre d'Avenay).
Anne-Joséphine-Amélie DE BONNEVAL (novice au cou-

vent des Filles-Dieu de la rue Saint – Denis , à Paris).
Gabrielle - Geneviève - Aimée FURET DE CERNAY.

Magdelaine-Marthe GALLARD DE BÉARN.

Adélaïde-Paule-Françoise DE LA FARE.

Jeanne-Henriette DE VILLEPAIL (novice au couvent de la Visitation de la rue Saint-Antoine, à Paris).

Marie-Jeanne DE FONTENAY.

Anne DE BOSREDON.

Marie-Edmée-Claude DE BERTHIER DE GRANDRY.

Louise-Rosalie-Françoise-Charlotte DE VAUDRETZ.

Marie-Geneviève DE LA MOTHE FLOMONT.

Marie-Jeanne-Renée DE BOMBELLES.

Louise-Jeanne-Gabrielle-Marie-Anne-Elisabeth DE MEYNIER DE LA SALLE.

Henriette-Marie DESHOULLES.

Barbe-Sébastienne DE PLUNCKETTE.

Marthe-Marie DE NICOLAS DE LA COSTE.

Marie-Magdelaine DE MUSSAN.

Marie - Charlotte - Armande - Etiennette DE CHASTENAY.

Françoise-Espérance DE CHAUMONT DE CHIVALET.

Marie-Magdelaine D'AGUILHAC DE SOULOGE.

Magdelaine-Scholastique DE MONTUEL.

Barbe - Magdelaine - Christine DE LIMOSIN D'ALHEIM.

Marie-Charlotte-Gabrielle-Geneviève LE CHARRON DE BEAUPRÉ.

Marie - Alexandrine DE MACHAULT.

Joseph-Louise D'ESTMONVILLE.

Jeanne-Dorothée-Eléonore LE JAY DE MASSUÈRE.

Esther-Elisabeth-Magdelaine-Angélique DE SÉGUR.

Christine-Suzanne-Antoinette DE GUALY.

Henriette-Françoise DU HAN DE CRÈVECŒUR DE MAZERNY.

Thérèse-Sophie-Fortunée DE BERNIER DE PIERREVERT.

1774.

Marguerite-Joseph DE CHABERT.

Jeanne DURAND DE FAULAC.

Geneviève-Renée-Catherine DE JOUSSERAND.

Madelaine-Suzanne-Elisabeth GOUDIN DE PAULIAC.

Marie-Joseph DUBOUCHET DE COURTOZÉ.

Angélique LE MOUTON DE BOISDEFFRE.

Marie-Joseph DE BOUBER DE BERNATRE.

Charlotte DE COULON DE JUMONVILLE.

Marie-Renée DE JOUENNE D'ESGRIGNY.

Marie-Françoise-Désirée DE ROMÉ.

Henriette - Agathe - Rose DE MONDION.

Marie-Victoire DE MARSANNE.

Suzanne-Françoise-Thérèse DE CAQUERAY DE SAINT-QUENTIN.

Marie-Anne-Agathe DORVILLE.

Marie-Françoise DU WICQUET DE LENCLOS.

Marie-Pierre DE NICOLLE.

Magdelaine DE BADEL.

Catherine D'ARGOUGES.

Louise-Victoire DE RESSÉGUIER (Son père, Antoine de Rességuier, officier de cavalerie, demeurant ordinairement à Joigny, logé en 1774 chez M. de Rességuier, son frère, rue du Pot-de-fer, faubourg Saint-Germain, à Paris).

Marie-Françoise-Antoinette DE ROSTAING.

Marie DE GAREAU DE LA MES-CHENIE.

Marie-Violane-Gilberte DE LA FOREST DE DIVONNE (Son père, comte de Divonne, co-lonel du régiment de Salins).

Andrée-Louise-Victoire DE SERS.

1775.

Françoise-Marie DE MONT-FAUCON.

Marie-Marguerite D'AIMINY DE MABLANC.

Marie-Antoinette DU TERTRE LAMARQUE.

Henriette-Louise DES MICHELS DE CHAMPORIN.

Marie-Louise-Charlotte-Euphé-mie DU BUISSON.

Marguerite DE BLANC.

Anne DE CARLE

Françoise DE VAROQUIER.

Edmée-Marie D'ARLANGES.

Marie-Anne DE RIBIER.

Angélique-Gabrielle-Antonie

DE VILLELONGUE DE SAINT-MOREL.

Anne-Marie-Thérèse DE MONT-FERRAND.

Marie-Louise DE BARBARIN DE MONTEIL.

Louise-Geneviève DE BERCY.

Marie-Claudine-Henriette AU-BERT DU PETIT-THOUARS.

Marguerite-Jeanne-Xavier DE ROCQUIGNY DE ROQUEFORT.

Marie-Anne-Colombe DE GAR-NIER D'ARS.

Adélaïde-Madelaine DE SAINC-TON.

Henriette-Ursule DE CRÉCY.

1776.

Anne-Sophie DE TILLY.

Madelaine DE NICOLAS DE LA-COSTE.

Charlotte-Louise-Madelaine DE LA HAYE DE LA BARRE.

Jeanne-Denise DE BEAUVAIS.

Louise-Hyacinthe-Marie HU-CHET DE LA BENNERAIS.

Dorothée-Euphrasie DE MON-TALEMBERT.

Marie-Catherine DE SINETY.

Marie-Thérèse DE GRAY.

Marie-Thérèse DESSOSSY DE CZERRUECK.

Marie-Catherine-Elisabeth

DUMONT DE SIGNEVILLE.

Marie-Emilie DE FRESNE.

Jeanne-Françoise DE CHARPIN DE GENETINES.

Madelaine D'ABZAC.

Jeanne-Marie-Rose DE WI-TASSE DE VERMANDOVILLÉ.

Marie-Joseph DE LA CHAUS-SÉE.

Françoise-Ursule DES NOS.

Eléonore LEMPEREUR DE MOR-FONTAINE.

Marie-Antoinette-Thérèse DU WICQUET DE LENCLOS DES AULNOIS.

Anne-Camille-Gabrielle-Françoise DE LA BUSSIÈRE DE GUÉDELON.

Emilie-Pierrette-Antoinette DE DURFORT (chanoinesse et comtesse de « l'Illustre Chapitre » de Neuville-les-Comtesses, baillage de Bourg-en-Bresse).

Marie-Henriette DU PLESSIS DE LA MERLIÈRE (novice aux Annonciades de Boulogne-sur-Mer).

Marie-Elisabeth COSSON DE LA SUDERIE.

1777.

Marie-Françoise-Thérèse LENORMAND D'ARRY.

Jeanne-Françoise-Sabine-Thérèse DE VALLAY (novice au couvent de la Visitation du faubourg Saint-Jacques à Paris).

Thérèse DE VIVANS.

Jeanne-Perrine-Marie DUPIN DE MONTMÉA.

Marie-Madelaine-Louise REGNIER DE ROHANT (mariée à Nicolas-Thomas de Ruel de Launay, écuyer, sieur de Belle-Isle. etc., capitaine au corps royal du génie.)

Luce-Thérèse-Marguerite-Louise CASTERAS DE SOURNIA.

Marguerite DE LESTENOUX (novice aux Ursulines de Tours).

Marie-Eléonore-Françoise-Catherine DE MÉGRET DE BELLIGNY.

Marie-Charlotte-Adélaïde RAULIN.

Marie-Louise-Flore DE MARIGNY.

Marie-Anne-Radegonde DE LA RESSONNIÈRE.

Jeanne-Baptiste D'APVIEUX DE LA BALME.

Elisabeth-Marguerite DE CUIGY.

Jeanne-Louise D'AIMERY.

Rosalie GUIBERT.

Marie-Françoise D'ARRAU D'HAUDRECY.

1778.

Claire-Henriette-Charlotte DU PONT D'AUBEVOYE DE LAUBERDIÈRE.

Elisabeth-Marie-Anne-Antoinette DE BARENTIN.

Antoinette-Madelaine-Angélique DE BELLEMARE DE CHALONGE.

Marie-Sabine-Elisabeth DE MONTCALM.

Jeanne-Louise BARRAL D'ARHÈNES.

Jeanne-Louise RADO DU MATZ.

Victoire-Charlotte DU CHAMP D'ASSAUT.

Marie-Anne-Louise-Gabrielle DE DURFORT LÉOBARD (chanoinesse « en expectative » du chapitre de Neuville-en-Bresse).

Amable-Henriette DE CHAUVIGNY DE BLOT.

Marie-Louise-Françoise AUBIN DE BOTCOUART.

Marie–Adélaïde–Joseph DE DAMPONT.

Suzanne DE BRIDAT DE LA BARRIÈRE.

Anne–Françoise–Adélaïde DE DURFORT (chanoinesse-comtesse du chapître de Neuville-en-Bresse).

Madelaine-Marie-Françoise DU PARC DE BELLEGARDE (chanoinesse-comtesse du chapitre de Neuville-en-Bresse).

Nicolle–Jeanne LE PICARD D'ASCOURS.

Elisabeth DE TOULOUSE DE LAUTREC.

Madelaine DE VASSAL DE PURCET.

Marie–Anne DE CHAVIGNY.

Renée–Marie–Philippine LENEPVEU DE DUNGY.

Scholastique DE LAFITTE DE PELLEPORT.

Marguerite DE SEGUIN DE REYNIÈRES DE PRADEL.

Anne-Ursule DE REILHAC.

Marie–Anne–Raphaële DE LAGEARD DE CHERVAL.

Jeanne-Marie-Louise DE TURLAUBEN.

Jeanne-Marguerite DE DURAT.

Joseph SIMONNET DE CARONDELET.

Claire-Louise-Dominique DE BAUDRE.

Marie-Hippolyte-Angélique DE SÉRAN.

Catherine–Charlotte D'AUTEROCHE.

Louise-Sophie DE RENNEVILLE.

Thérèse DE MAUBEUGE.

Félix-Dorothée DE CROSEY.

Marie–Julie DE MONTBEL.

Marguerite DE MONTAGNAC.

Louise-Charlotte DE BARAUTZ.

Aimée – Victoire – Catherine – Louise DAVERTON.

Claudine-Césarine–Marie DULAU.

Marguerite DE LUPPÉ DE BESMAUX.

Anne BRUCHARD.

Anne-Elisabeth-Charlotte DE CAMERON.

Ursule DE RENTY,

Françoise-Marguerite DE BOMBELLES.

Jeanne–Suzanne DUMAS DE SAINT-MARTIN.

Jeanne-Baptiste Dorothée DE SAGEY.

Antoinette-Eulalie-Micheile DE MONTRECHON.

Antoinette - Jeanne - Adélaïde DE HAUTMÉNIL.

Sylvie-Elisabeth DE BOULAINVILLIERS.

Marie - Anne - Constance-Florence DE MONTROND.

Marie-Madelaine DE BRINON.

Louise-Françoise-Jeanne-Charlotte DE SALVERT.

Marie D'HÉMERY.

Marie DE BOUBERS DE BOISMONT.

1779.

Henriette-Alexandrine - Rosalie LE TELLIER D'IRVILLE.

Sophie BOISSEAU DE LA GALERNERIE.

Louise-Elisabeth-Catherine DE FONTANGES.

Marie-Julie DE LESTANG.

Louise - Constance - Victoire -

Adélaïde DE BERNARD DE LA CARBONNIÈRE.
Louise-Marguerite-Victoire DE RIGOLLOT.
Catherine-Caroline DE FOURNIER.
Marie-Jeanne DE BERNIER.
Marie-Madelaine DE LÉDIGNAN.
Jeanne-Henriette DE PUTTECOTTE DE RENNEVILLE.
Marie-Julie DE CHAUVELIN.

Marie-Fortunée-Henriette DE BÉRARD DE MONTALET.
Marie-Elisabeth DE VAULX D'ACHY.
Marguerite-Louise DAMMELIN DE BEAUREPAIRE.
Anne-Marguerite-Victoire LEPARMENTIER.
Marie-Antoinette-Victoire DE GAILLEBON.
Blanche DE CHASTAING DE LA SIZERANNE.

1780.

Elisabeth-Marguerite DE LYVER DE BREUVANNE.
Sophie DE MONTROND.
Marie-Anne DE CHATEAU-CHALON.
Fortunée-Louise-Hippolyte DE BERTHELOT DUGAGE.
Louise-Félicité DE PÉLISSIER DES GRANGES.
Marie-Adélaïde DE BOREL DE LA GRANGE.
Madelaine DE SERS.
Marie-Anne-Sidoine GUIGNOT DE SOULIGNAC.
Anne-Antoinette DE POUSSONNAILLES DE GRISOL DU CHASSAN.
Marie-Madelaine-Catherine DE MUSSET (fille de Messire

Joseph-Alexandre de Musset, chevalier, seigneur de la Vaudrière et autres lieux, ancien major du régiment de Chartres-Infanterie).
Marie-Henriette DE PUCH.
Marie-Charlotte DE JARRY.
Josèphe-Irène DE BOITOUZEL DE POUISSON D'ORMENANS.
Gabrielle-Agathe DE REYNAUD DE MONTS.
Marie-Souveraine DE FERRIÈRE.
Marguerite-Sophie MOISSON DE PRÉCORBIN.
Antoinette-Françoise DE FOURNAS DE LA BRONE.
Thérèse-Joseph DE GRAVE.
Thérèse DE MELET.
Marguerite DE TESSIÈRES.

1784.

Jeanne-Julie DE BALATHIER DE LANTAGE.
Marie D'ARNAULT.
Adélaïde-Charlotte DE CLÉRY.
Geneviève-Camille-Suzanne DE BRÉBEUF.
Anne-Joseph DE VERTEUIL.

Rose-Françoise DE LA VILLEHULIN.
Marie-Jeanne-Elisabeth DE LA FONTAINE.
Marie-Geneviève DE CLINCHAMP DE BELLEGARDE.
Mathurine-Geneviève DE CALONNE D'AVESNE.

Angélique-Alexandrine DE CROSEY.

Henriette-Renée GRIGNARD DE CHAMPSAVOY.

Françoise-Octavie DE PATRAS DE COMPAIGNO.

Antoinette DE LAMBERTIE.

Marie-Françoise DE FONTE-NAY DE LA GUIARDIÈRE.

Marie-Joséphine DE MOLIN DE SAINT-PONCY (novice au couvent de la visitation de Saint-Flour).

Françoise-Marie-Anne DE BRASDEFER.

Marie-Thérèse D'HOUDETOT.

1782.

Victoire-Marie DE BONEL DE VILLENEUVE.

Marie-Marguerite-Hélène LE NEUF DE TOURNEVILLE.

Françoise-Louise DE BOITOUZEL D'ORMENANS.

Catherine-Charlotte DE BARRAL D'ARRÈNES.

Jeanne DE TEYSSIÈRES.

Catherine-Thérèse DE COLLIQUET.

Jeanne-Claudine DE CHAVIGNY.

Joséphine-Elisabeth-Julie DE LASSERRE DE VILLEMARIN.

Louise-Henriette DUPARC DE BELLEGARDE.

Marie-Thérèse-Renée DE BEAUCHAMP.

Judith-Eléonore DE BERNARD D'ASTUGNE (mariée à M. Bernard d'Angosse).

Marie-Anne DU MESNIL-SIMON.

Marie-Jeanne-Julie DE RONDAREL DE SEILHAC.

Marie-Ursule-Simonne LE CHARRON.

Thérèse-Joséphine DAUZEL DE BOFFLE.

Henriette-Angélique DE SÉRAN D'ANDRIEUX (Logée aux Tuileries au moment où le contrat a été dressé).

Madelaine-Adélaïde DE WASSERVAS.

Victoire-Angélique-Marthe-Césarie DE LARDIÈRE.

1783.

Catherine-Victoire DU PLESSIS DE LA MERLIÈRE.

Marie-Thérèse DELMIERS DU BREUIL.

Françoise-Marguerite-Michelle DE SUHARD.

Charlotte-Dorothée DE LA BROUE DE VAREILLES.

Perrine-Anne-Félicité DE BRUC.

Marie-Joseph-Eugénie DE FRANSURES.

Marie-Clémence DE BÉHU.

Marie-Renée-Perrine DE JUIGNÉ.

Marie-Elisabeth DE BRACHET.

Marie D'ESCORAILLES.

Blanche-Nicolle DE GUÉNAUD.

Marie-Jeanne-Françoise DE NATTES.

Catherine-Marie-Madelaine DE SÉGUR DE MONTAZEAU.

Marie-Thérèse DE BOISSIEU.

Marie-Antoinette DE DURAT.

Marie-Reine DES ECURES.
Louise DE VERTEUIL.
Rose-Angélique-Elisabeth DE BERTHELOT DUGAGE.

Joséphine-Bernardine-Georgette D'AYMERY DE MALUY.
Marie-Cécile D'YSARN.

1784.

Marie-Louise-Thérèse D'ORVILLE.
Madelaine-Elisabeth DE TERRASSON.
Marie-Madelaine-Alexandrine DE GAILLARD.
Henriette DE GRÉEN DE SAINT-MARSAULT.
Marie-Charlotte-Juliette DE RONDAREL DE SEILHAC.
Marthe-Marie-Félicité DE JUGLART DU PLESSIS.
Céleste-Jeanne CHATTON DE MORANDOIS.
Anne-Vincente DE PROISY.
Marie-Madelaine-Alexandrine DE GAILLARD.
Isabelle-Charlotte-Honorée-Justine DE BAULAINCOURT.
Rose-Victoire ANDRAS DU MOUTOIR (novice au couvent de la Visitation de Sainte-Marie d'Alençon).
Stéphanie-Marie DE LA GONIVIÈRE.

Marguerite-Madelaine-Antoinette DU FORMEL.
Françoise-Adélaïde DE LANGLADE.
Armande-Louise-Jeanne-Pauline DE COMBAREL DU GIBANEL DE VERNÈGE.
Marie-Charlotte-Reine DE BIZEMONT.
Anne-Laurence-Thérèse DE PÉCAULD DE LARDEREL.
Blanche-Rosalie-Louise DE LA FOREST DE DIVONNE.
Jacquette-Victoire DE TOULOUSE DE LAUTREC (mariée à Louis-Gabriel-Mathieu d'Alby, seigneur de Genouilhac, ancien officier d'infanterie).
Thérèse-Françoise-Anne LEMAIRE DU CHARMOY.
Alexandrine-Julie-Marie-Françoise-Catherine DE FRAZAN.
Marie-Charlotte-Emilie DE NEUVILLE DE BRUGNOLOIS.
Adélaïde-Pauline-Benoîte DE MÉJANES.

1785.

Marie-Louise-Anne DE BIGNAULT DE GRANDRUT.
Béatrix DE COLLIQUET.
Suzanne-Julie-Françoise DE LA FONTAINE D'OFFEMONT.
Marie-Charlotte DE BOISGUÉRIN DE BERNECOURT.
Appoline DE BIENCOURT DE POLZINCOURT (novice au couvent de la Visitation de la

rue Saint-Antoine à Paris, sous le nom de Thérèse Gonzague).
Marie-Eléonore DU BREUIL DE LINIERS.
Marie-Jeanne-Adélaïde DE TURENNE D'AUBEPEYRE.
Geneviève-Julie LE PRÉVOST D'YRAY.
Jeanne-Agnès-Louise-Char-

lotte DE MARGUERIE D'HIÉ-
VILLE.
Marie-Claude DE BEAUFORT.
Reine-Marguerite-Dieudonnée
DE LAFFITE DE PELLEPORT.
Marie-Henriette-Françoise DE
SALVADOR.
Pauline-Dorothée DE PERRIN
DE LA BESSIÈRE.
Elisabeth-Joséphine DE FI-
NANCE.

Marie-Catherine DE VILLELON-
GUE DE NOVION.
Marie-Barbe DE CONDÉ.
Christine-Louise DE FLOTTE.
Henriette DUPONT DE CHAM-
BON DE MESILLAC (novice
au couvent de la Visitation
de Sainte-Marie de la rue
du Bac, à Paris).
Marie-Anne DE PLUVIERS.

1786.

Marie-Louise-Madelaine DE
BONNAY DE BELVAUX.
Marie-Jeanne DE FAY.
Marie-Louise-Thérèse D'AL-
MAIS DE LA MAISONFORT.
Anne-Antoinette-Françoise-
Maximilienne DE FABERT.
Marie-Louise-Pernette-Sophie
DE LA FOREST DE DIVON-
NE.
Marie-Louise-Joseph DU HA-
MEL.
Barbe-Agnès DE LOUREUX.
Marie-Julie-Joséphine-Fran-
çoise-Sylvie DE LA VILLETTE
DE SURMEYER.
Catherine-Françoise-Philippi-
ne DE BERNE DE LONGVIL-
LIERS.
Catherine DE SAULNIER DE
PLESSAC.
Julie-Zéphyrine LATAILLE DES
ESSARTS.
Balthazarine-Aimée-Rose Fo-
RÊT DU TILLEUL.
Marie-Joséphine D'AGUISY.
Geneviève-Françoise DE BRU-

NETEAU DE SAINTE-SUZANNE.
Marie-Joséphine-Madelaine-
Gabrielle DE MONTCALM
(nièce de M. de Soubeyran).
Catherine DU MOULIN DES
COUTANCERIES.
Suzanne DU MOULIN DES COU-
TANCERIES.
Françoise-Victoire DE TIS-
SEUIL.
Thérèse-Alexandrine D'ARIÈS.
Charlotte-Françoise-Julie DES
MOUTIERS DE LA COURONNE.
Adélaïde-Aimée-Marguerite DE
PREZ DE LA QUEUE.
Marie-Philippe-Ursule DE LA
NOUE.
Antoinette-Etienne-Claire DE
CAREY DE BELLEMARE DE
TOUSSANT.
Marie-Isaac DE WARTZ DE
LAUGUIMBERG.
Marguerite-Justine DE FAYAT.
Marie-Anne DU BOURGNEUF.
Anne-Marie DU VERNE DE
PRESLE.
Alexandrine DE FRESNE.

1787.

Henriette-Suzanne DE BIDE-
REU DE LA MOUGIE (novice
au couvent de Notre-Dame
de la Virginité, près Mon-
toire).

Elisabeth-Philippine DAUZEL
DE BOFFLE.

Françoise – Scholastique DE
FONTENAY DE LA BELLON-
NIÈRE.

Hermine-Blanche DE LYS.

Louise-Frédérique DU JAY.

Claudette DE VERNERAY DE
MONCOURT.

Marie-Adélaïde DE FRESNE DE
CUISE.

Marie-Charlotte-Hubertine DE
BERTRANDY.

Marie-Céleste DE VILLEDON DE
GOURNAY.

Marie–Anne DE GAUDIN DU
CLUSEAU.

Marie – Claude – Florence DE
MESNARD.

Louise LE BLANC.

Charlotte-Baptiste DE BOITOU-
ZEL D'ORMENANS.

Marie-Anne-Adélaïde DE FOR-
BIN DE GARDANNE (chanoi-
nesse de Neuville en Bresse).

Marie-Catherine D'HANCOURT.

Anne–Hippolyte D'ESTIENNE
DE MONTPLAISIR.

Isabelle – Aimée – Victoire DE
CAMPBELL.

Françoise DE SAIGNARD DE
SASSELANGE.

Catherine DUMONT DE SIGNE-
VILLE.

Marie-Angélique-Françoise DU
GRAVIER.

1788.

Elisabeth – Charlotte – Félicité
DE ROBERT.

Antoinette – Catherine – Sophie
DE VARANGE.

Anne–Victoire DE NICEVILLE.

Jeanne-Françoise DE CARDAIL-
LAC.

Gabrielle-Ursule-Alexandrine
DE BOUSIES.

Marie-Gabrielle DE CHABANS.

Marie – Jeanne – Renée D'AR-
NAULT.

Adélaïde-Victoire DE BLOT-
TEAU.

Marie-Madelaine LE BLANC
DE FERRIÈRES.

Marie DE MARSANGES.

Jeanne-Louise D'ESPAGNE.

Marie – Madelaine – Charlotte
LEMOYNE D'AUBERMENIL.

Marguerite DE BIDERIN DE
SAINT-SURIN.

Jeanne DE FOUCAULT DE MA-
LEMBERT.

Elisabeth DE MOY DE SONS.

Adrienne D'ANGLARS.

Cécile-Pélagie DE BERNARD.

Marie-Etiennette DE MÉDRANO.
(Son père, Louis de Médrano, baron de Durfort-Lafiteau,
ancien capitaine d'infanterie.)

Louise–Rose–Cyprienne DES
PLATS (chanoinesse du chapitre noble de Trouard).

1789.

Jeanne-Marcque-Joseph GRA-SIN D'HÉRAL.

Etiennette - Marie - Antoinette DE FRANC DE LA SALLE.

Marie - Louise DE SEYTU-RIER.

Marie-Rose-Charlotte-Félicité D'ESSOFY.

Anne-Rosalie DE L'ETANG.

Marie-Françoise-Sophie DE LA PANOUZE.

Marie-Charlotte-Joséphine-Sabine DE SAINT-GEORGES.

Jeanne DE BONNEFOY.

Marie - Antoinette - Théodore-Clédite DE RAGUET DE BRANCION.

Marie-Louise-Cécile DU BOSC DE LA ROMERIE (novice aux Carmélites de Croncels-les-Troyes.)

Joséphine D'ELPUECH DE LA BASTIDE (mariée à François de la Panouze).

Marie-Anne DE CASTILLON DE MOUCHAN.

Marie-Anne-Aimée-Honorine DE L'ENFANT DE LOUZIL.

Marie-Madelaine-Thérèse DE BOISSIÈRE (mariée à François de Saunhac, chevalier, capitaine d'infanterie au régiment royal de la Marine).

Marie-Catherine D'ELPEYROU DE BAR.

Marie-Olympe-Anne D'AUTARD DE BRAGARD.

Marguerite-Aimée LECOUTU-RIER DE SAINTE-JAMES.

Madelaine BORIE DE POMA-RÈDE.

Marie-Paule DE BEAUFORT DE LESPARRE.

Marie-Marguerite DE CALONNE.

1790.

Marie - Jeanne - Rose DE LA SALLE.

Rose-Catherine DE FAUDRAN.

Catherine DE BOSREDON.

Louise-Adélaïde DE NEUF-VILLE.

Rose-Anne-Françoise D'AD-HÉMAR.

Madelaine D'AUVERGNE.

Catherine DE BEAUMONT.

Marie-Joséphine DE CHASSE-MAISON.

Louise-Adélaïde DE QUEUX DE SAINT-HILAIRE.

Madelaine-Eugénie DU TERTRE.

Agathe-Victoire DE LA MARCK.

Marie-Claudine DE LONGE-COMBE DE THOY.

Charlotte-Elisabeth DE CAR-VOISIN.

Rose-Henriette D'HÉLYE.

Rose-Thérèse D'ENCAUSSE DE LABATUT.

Marie-Catherine-Joseph D'AX.

Charlotte - Louise - Joseph DE GOSSON.

Antoinette-Marguerite-Alexandrine DE FRANCE.

Marie-Françoise DE CHAUVI-GNY DE BLOT.

Marie-Thérèse-Louise LENOR-MAND DE BRETTEVILLE.

Marie-Barbe-Luce DE BUZELET (pensionnaire libre aux Ursulines de Metz).

Cécile - Séraphine - Marguerite

DE FAUCHER DE LA SIGE-RIE.

Barbe DE CLINCHAMP DE BELLEGARDE (chanoinesse du

chapitre royal de Joursey-en-Forest.

Marguerite-Félicité BLANCHARD DU VAL.

1791 [1].

Marguerite-Claudine-Herman-de DE VAUCHOSSADE DU COMPAS.

Gilberte-Jeanne DE SAINT-POL.

Marguerite-Charlotte DE VERTEUIL.

Françoise-Julie DE LA TEYSSONNIÈRE.

Anne-Henriette-Françoise DE TILLY.

Marie DE BAYLY.

Françoise DU CHATELET DE LA ROUVRAYE.

Fortunée-Antoinette-Jeanne-Mathurine DE TAFFIN.

Adélaïde PELLEGARS DE MALHORTIE.

Paule-Diane-Louise DE MONTPEZAT.

Marie-Sophie DURIS.

Anne-Joséphine-Claude DE CARDON DE VIDAMPIERRE.

Marie-Hélène ANCIEZ DE BOUILLÉ.

Marie-Polixène D'ESTIENNE DE MONTPLAISIR.

Charlotte-Aimée-Marie DE BEAUDÉAN.

Julie-Joséphine POULAIN DE MAUNY.

Marie-Marthe-Adélaïde DE LA HOUSSAYE DE MÉZICOURT.

Rose-Hippolyte LE VICOMTE DE LA VILLEGOURIS.

Julie-Catherine-Charlotte-Françoise D'AVOUST.

Louise-Josèphe-Charlotte CACHEDENIER DE VASSIMONT.

[1] Cette liasse de 1791, qui est la dernière, contient vingt déclarations passées devant Me Fourcault de Pavant, notaire à Paris, et suivant lesquelles les Demoiselles sorties en 1791 ont encore reçu chacune un contrat, au principal de 3000 livres, produisant 150 livres de rente sur les États de Languedoc.

TABLE

www.ingramcontent.com/pod-product-compliance
Lightning Source LLC
Chambersburg PA
CBHW072117020726
47501CB00003B/869